Crochet
tendance

projets luxueux
allures design

© Hollan Publishing Inc. 2008
Publié originalement par Sterling Publishing Co., Inc.
sous le titre : *sensual crochet*

LES PUBLICATIONS MODUS VIVENDI INC.
55, rue Jean-Talon Ouest, 2ᵉ étage
Montréal (Québec) Canada H2R 2W8

Directeur général : Marc Alain
Design de la couverture : Catherine Houle
Infographie : Modus Vivendi
Traduit de l'anglais par : Marie-Jo Levadoux

ISBN-13 978-2-89523-539-2

Dépôt légal - Bibliothèque et Archives nationales du Québec, 2008
Dépôt légal - Bibliothèque et archives Canada, 2008

Nous reconnaissons l'aide financière du gouvernement du Canada
par l'entremise du Programme d'aide au développement de l'industrie
de l'édition (PADIÉ) pour nos activités d'édition.

Gouvernement du Québec — Programme de crédit d'impôt
pour l'édition de livres — Gestion SODEC

Photographie par Allan Penn
Couverture et designs par Karla Baker
Illustrations des tricots par Kara Gott

Imprimé au Canada.

POUR SANDRA

Crochet

tendance

projets luxueux
allures design

amy swenson

MODUS
VIVENDI

[TABLE DES MATIÈRES]

INTRODUCTION

Tout art dans lequel on utilise les mains est accompagné d'un plaisir tactile implicite. Travailler avec des fils fins pour créer des vêtements de luxe est, à mon avis, l'une des manières les plus agréables de passer son temps. De l'angora à la soie, le choix du meilleur fil pour votre prochain projet au crochet fait de chaque seconde où le fil glisse entre vos doigts, une expérience délicieuse.

L'un des buts de cet ouvrage est de vous donner des designs de vêtements modernes en utilisant des points de crochets traditionnels. Le crochet crée une structure libre, dentelée, au drapé inégalé. Il convient parfaitement aux camisoles sexy, aux jupes charmeuses, aux robes sensuelles, aux cardigans insolites et aux accessoires élégants. Dans *Crochet tendance*, le crochet monte sur les planches.

Bien que la plupart des designs de ce livre semblent être complexes parce qu'ils utilisent des variations des points de crochets les plus simples, ils sont en fait accessibles aux crocheteuses les plus novices.

Si vous savez comment tenir un crochet et exécuter les points de base comme la bride et la double bride, vous êtes prête à créer n'importe lequel des fabuleux designs des pages suivantes.

Crochet tendance présente des modèles de vêtements à la mode réalisés à partir de fibres de luxe: mérinos, cachemire, angora, alpaga, etc. Ils sont conçus pour un contact velouté sur la peau, vous permettre de montrer vos talents et, plus important encore, vous offrir des vêtements que vous adorerez porter à l'infini.

Le luxe n'a pas besoin d'être synonyme de « cher », et bien qu'il soit difficile de créer un vêtement en cachemire pour moins de 50 $, les projets de ce livre ont été choisis comme tirant le meilleur parti de quelques écheveaux de ces fils précieux, vous permettant de laisser parler la diva qui est en vous, même avec un budget limité.

Quel que soit votre choix, achetez le fil que vous aimez. La vie est trop courte pour crocheter avec un fil moche.

FILS DE LUXE

Tout au long de ce livre, vous remarquerez que les patrons sont réalisés principalement avec des fibres naturelles. En un mot, vous ne trouverez pas d'acrylique, de nylon ou autres matières synthétiques. Nous avons choisi certains des fils les plus fins que vous puissiez trouver dans votre mercerie locale.

Tous les fils indiquent leur contenu en fibres. Dans certains cas, ce sera aussi simple que 100 % cachemire. Cependant, les fils mélangés qui contiennent plusieurs types de fibres sont très populaires, car ils combinent le meilleur de chaque source. Par exemple, un mélange soie et mérinos aura l'élasticité de la laine et le brillant de la soie.

Bien que les meilleurs résultats soient atteints en utilisant le fil indiqué dans le patron, nous mentionnons le type de fil qui pourrait le remplacer. Par exemple, un tissu en angora doux et gonflant sera très différent d'un tissu en soie brillante et lourde. Dans le doute, faites un grand échantillon avant de commencer le projet. Assurez-vous d'en aimer le toucher, le poids et le drapé avant de continuer.

LAINE MÉRINOS

Le simple mot « laine » fait souvent apparaître des images de chandails grossiers et rêches. Cependant, la laine peut être aussi fine et douce qu'un cachemire luxueux, à une fraction du prix. La race des moutons laineux joue beaucoup sur la qualité finale du fil. La laine des mérinos est généralement considérée comme étant la fibre de laine la plus fine et la plus douce existante. Recherchez des fils « 100 % Mérinos pur », « Nouveau Mérinos » ou « Mérinos super fin ».

CACHEMIRE

Le cachemire, également appelé la « crème de la crème » des fibres de luxe, est exceptionnellement doux et léger. Ne soyez pas surprise si un écheveau de 50 g contient bien plus de fils qu'un écheveau de 50 g de mérinos de la même épaisseur. La majeure partie du cachemire du monde provient du doux duvet des chèvres de Mongolie et de Chine. Tout comme le duvet garde les chèvres au chaud durant les rudes hivers himalayens, les fils de cachemire vous garderont au chaud en enveloppant de façon exquise votre peau délicate.

ANGORA

La fibre angora provient des lapins angoras, dont la longue fourrure est exceptionnellement douce et soyeuse. Le tissu angora a tendance à perdre constamment des poils, sauf s'il est combiné à une fibre plus résistante comme la soie, la laine ou l'alpaga. L'angora est très chaud et crée des vêtements féminins et sensuels qui conviennent en toute occasion.

ALPAGA

Originaire d'Amérique du Sud, la fibre d'alpaga est sans doute l'un des meilleurs achats des crocheteuses aux goûts dispendieux et petits budgets. Le fil d'alpaga est plus doux que la laine mérinos et coûte généralement une fraction du prix. On le dit souvent doux comme du beurre et exceptionnellement chaud grâce à ses fibres creuses qui enferment l'air et créent un effet isolant (comme une Thermos). Le fil d'alpaga connaît actuellement une renaissance et on le trouve presque partout. Ne manquez pas les mélanges exceptionnels d'alpaga avec d'autres fibres comme la soie, le cachemire et le mérinos.

MOHAIR

Le mohair, qui provient aussi de la toison de la chèvre, est résistant et fin par nature. Dans le commerce, le fil mohair se décline de gros et relativement poilu à duvet léger et arachnéen. Le mohair le plus doux provient des chèvres de moins de 18 mois. Il est généralement étiqueté « Kid Mohair ». Bien qu'il soit possible de trouver des fils 100 % mohair, le plus couramment utilisé est mélangé ou tissé à de la laine, de la soie ou d'autres fibres pour combiner son éclat au corps et à l'épaisseur de l'autre fibre.

SOIE

La soie provient des cocons de vers et est recueillie sur les cocons déjà ouverts ou avant que le ver n'émerge. Longtemps prisée pour son brillant, sa robustesse et son drapé incomparable, la soie est l'une des fibres pures les plus agréables et intéressantes avec laquelle travailler. Plusieurs modèles de ce livre proposent des fils de soie pure, mais elle peut aussi être combinée efficacement à n'importe quelle autre fibre... de l'alpaga au yack.

CHOIX EXOTIQUES

Les fournisseurs de fibres de luxe tiennent échoppe n'importe où. Au cours des récentes années, les producteurs de fils ont recherché d'autres fibres pour remplacer la fibre animale. La fibre de bambou a un brillant et un drapé similaires à la soie, mais est plus légère contre la peau – idéale par temps chaud. Le lin fin et le coton proviennent également des fibres de plantes et conviennent très bien pour tous les travaux de crochet. Les plantes de soja sont également utilisées comme ressources; la « soie soja » est similaire à la soie et est brillante et sexy.

COMMENT UTILISER UN PATRON

Les patrons de ce livre sont adaptés aussi bien aux débutantes avancées qu'aux expertes. La plupart utilisent le façonnage, des points fantaisie sublimes et des fils d'échantillon fins pour obtenir un produit fini de luxe. Cependant, si vous savez comment travailler les points de base, vous pouvez vous attaquer à tous les projets ! L'un des secrets du crochet est qu'une fois à l'aise avec la maille en l'air, la maille coulée, la bride et la double bride, le reste vient naturellement.

L'autre secret est que les patrons ne sont ni faciles ni difficiles. Ils sont simplement courts ou longs en termes de temps pour réaliser le produit. Comme presque chaque ligne doit être décrite explicitement, tant que vous pouvez lire les instructions, vous pouvez faire le modèle.

FORMAT D'UN PATRON

Chaque patron de ce livre suit un schéma que les crocheteuses expérimentées devraient reconnaître: une introduction rapide au design, les fournitures nécessaires, l'échantillon à faire et les instructions à suivre. À la fin du projet, vous trouverez de l'information additionnelle pour bien finir votre vêtement.

L'IMPORTANCE DE L'ÉCHANTILLON

Bien que parfois rébarbatif, l'échantillon est un élément essentiel du début de tout projet de crochet. Si la taille de vos points varie même légèrement par rapport à l'échantillon indiqué, la taille du vêtement fini variera aussi. Par exemple, si un projet indique que vous avez besoin de 12 brides pour obtenir un carré de 10 cm de côté et que vous avez seulement 10 brides pour 10 cm, le tour de poitrine que vous espériez de 81 cm mesurera plutôt 99 cm.

Vérifiez votre échantillon et retravaillez-le aussi souvent que nécessaire jusqu'à obtenir les bonnes mesures. Pour les patrons dont l'échantillon est donné pour un motif spécifique, les instructions vous diront exactement comment le compléter.

Par exemple:
Pour un échantillon de 25 mailles en l'air (ml). Trav. les rangs 1-5 du motif une fois, puis les rangs 2-5 une autre fois. Bloquer mouillé et laisser sécher. L'échantillon devrait mesurer 11,5 cm de large sur 10 cm de haut.

Si votre échantillon est plus petit qu'indiqué après le blocage, prenez un crochet plus gros. S'il est plus large, prenez un crochet plus petit. Les tailles de crochet indiquées dans chaque patron sont celles utilisées par le designer. Cependant, comme chaque crocheteuse a son propre style, utilisez la taille de crochet dont vous avez besoin pour obtenir l'échantillon correct.

Comme la même lettre-nom des crochets américains peut être utilisée pour plusieurs tailles en millimètres, assurez-vous de bien vérifier la taille de vos crochets et de les comparer au patron. Par exemple, un crochet G va de 4,0 mm à 4,5 mm. Les patrons dans ce livre spécifient la taille du crochet dans le système américain et dans le système métrique.

BLOCAGE

Lorsque vous faites un échantillon, il est vital de le *bloquer* une fois fini avant de le mesurer. Comme la plupart des crochets créent un tissu dentelle, le blocage de l'échantillon changera énormément sa taille et son apparence. Tous les projets de ce livre doivent être bloqués une fois finis pour des résultats les plus professionnels.

Pour bloquer, remplissez un lavabo d'eau tiède, plongez le tissu jusqu'à ce qu'il soit complètement saturé en faisant particulièrement attention à ne pas agiter l'eau, sinon le fil risque de rétrécir.

Enlevez la pièce de l'eau et laissez-la égoutter simplement ou en la tordant légèrement. Étalez-la à plat sur une serviette en l'étirant doucement à la forme désirée. Si vous voulez une dentelle particulièrement ouverte, utilisez des épingles inoxydables pour mettre le tissu à la forme et à la taille désirées.

Les fils délicats qui risquent de rétrécir ou de perdre leur éclat avec ce traitement, doivent plutôt être bloqués à la vapeur ou au vaporisateur. Un fil de cachemire pur, par exemple, réagira mieux à ce traitement délicat.

Pour un blocage à la vapeur, placez votre fer sur vapeur. Étalez le ou les morceaux sur une serviette et recouvrez-le(s) d'un tissu fin, comme un linge à vaisselle. Placez le fer au-dessus (sans toucher les morceaux) jusqu'à ce que le crochet soit chaud et humide. N'appuyez pas. Enlevez ensuite le tissu et utilisez vos mains pour mettre délicatement le morceau en forme. Épinglez si besoin et laissez sécher.

Le blocage au vaporisateur fonctionne à peu près de la même façon, mais sans la chaleur. Étalez d'abord le tissu puis prenez un vaporisateur d'eau pour humidifier finement les surfaces. Une fois humide, mettez à la forme et à la taille désirées. Épinglez au besoin et laissez sécher.

FOURNITURES ET FIL

Chaque patron indique le fil exact qui a été utilisé pour créer le projet photographié. Cependant, comme les fils ne sont pas toujours disponibles dans toutes les merceries, nous avons également indiqué des fils de substitution. Chaque patron indique les besoins en fil en termes génériques.

> Par exemple:
> *Approximativement 364 mètres de mérinos peigné.*
> *Rechercher le fil qui crochète 10 cm sur 1820 m.*

Comme peu de fournisseurs indiquent l'échantillon recommandé sur les bandes des pelotes, nous en donnons aussi les mesures en termes de tricotage. Cela vous aidera à choisir le fil approprié lors de votre prochaine visite à la mercerie.

SCHÉMAS ET MISE À DIMENSION

Choisir la taille correcte est la première décision à prendre au début d'un nouveau projet. La plupart des tailles de vêtements indiquées correspondent globalement aux tailles de 2-16. Mais ne vous fiez pas à notre système de Petit, Moyen et Grand. Utilisez plutôt les mesures finales pour vous aider à choisir votre propre taille.

Chaque vêtement présente un schéma qui donne les mesures importantes pour chaque taille incluse dans le design. Par exemple, pour un cardigan, vous trouverez les mesures du tour de poitrine, la

Maille coulée (mc)

Maille serrée (ms)

Bride simple (b)

Double bride (db)

Triple bride (trb)

POUR PLUS D'INFORMATIONS

Besoin de rafraîchir vos abréviations de crochet ? Curieuse au sujet de plus de ressources ? La dernière section de ce livre offre une kyrielle de références pratiques.

profondeur de l'emmanchure, la longueur des manches au dessous de bras et la longueur du corps au dessous de bras.

Pour déterminer la taille qui vous convient le mieux, pensez d'abord coupe. Le vêtement sera-t-il porté près du corps ou en couche sur un haut ou une robe ? La différence entre les mesures finies et les mesures actuelles de votre corps s'appelle l'aisance. Pour trouver la bonne taille, mesurez votre tour de poitrine puis choisissez la taille la plus proche de l'aisance que vous voulez.

Comme ce livre présente surtout des vêtements près du corps, pour de meilleurs résultats, choisissez la taille la plus proche des mesures actuelles de votre corps ou un peu plus petite, surtout pour les cardigans à porter ouverts. En cas de coupe ou d'astuces de mise à dimension spécifiques, des notes seront incluses dans le texte. Par exemple, si un cardigan ou un châle est conçu extra

grand, une note l'indiquera dans l'introduction. Les résultats seront très différents si vous choisissez une taille qui vous serre bien.

Pour les écharpes, châles et vêtements sans formes spécifiques, il n'y aura pas forcément de schéma. Dans ce cas, utilisez l'information fournie sous « Dimensions finales » pour choisir la taille appropriée.

GRILLES ET SYMBOLES

Les patrons ont parfois des grilles de symboles pour les motifs complexes. Elles doivent être utilisées en conjonction avec les instructions rang par rang. Les définitions des symboles se trouvent dans la section *Abréviations*, à la page 140.

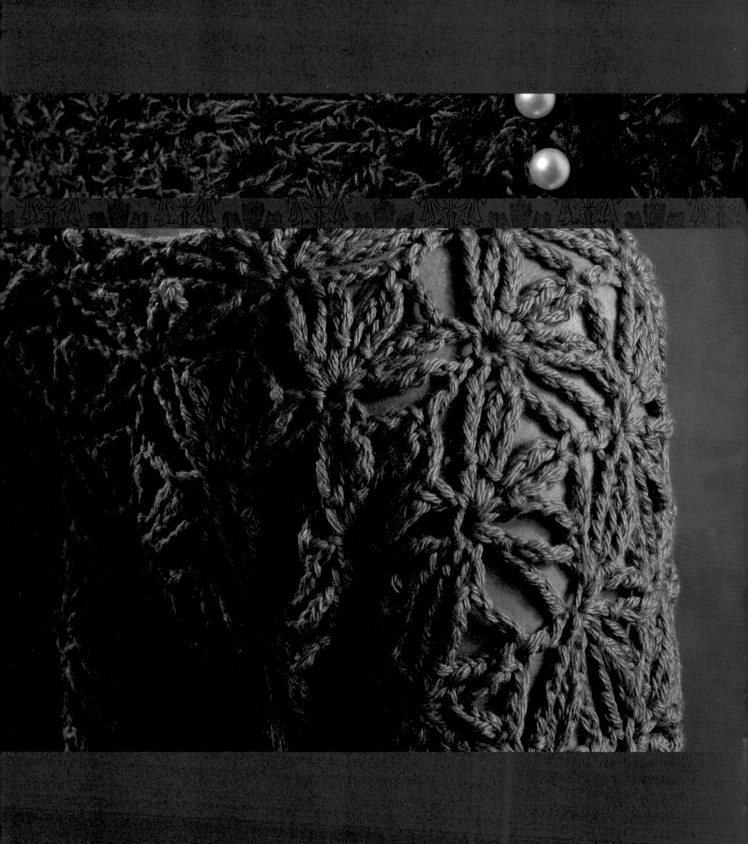

CHAPITRE UN

LE LUXE AU QUOTIDIEN

des projets conçus pour donner de l'élégance
à votre vie, chaque jour de la semaine

DÉBARDEUR
soyeux à coquillages

amy swenson

J'adore ce type de design. Ce débardeur super simple affiche un magnifique point ajouré, un fil de toute beauté et un tombé merveilleux. Il est crocheté au point de coquillage avec Artyarns Silk Rhapsody, un fil à torons dans lequel les composants ne sont pas torsadés, mais simplement tenus ensemble. L'effet est à peu près celui obtenu en prenant un brin de mohair et un brin de soie plus épais. Comme il vient d'une compagnie de teinture sur fil, les couleurs des brins sont assorties de manière idéale et subtile.

conseils

Ce point fantaisie est exceptionnellement extensible. Choisissez donc une taille proche (ou plus petite) de la mesure de votre tour de buste.

Il est particulièrement important de bloquer complètement votre échantillon avec des épingles avant de choisir la taille du crochet. Dans ce motif, il peut y avoir jusqu'à 5 cm de différence entre l'échantillon bloqué et celui qui ne l'est pas !

TAILLES

XP (P, M, G, TG)

DIMENSIONS FINALES

TOUR DE POITRINE : 76 (86, 96, 106, 117) cm

LONGUEUR TOTALE : 84 (84, 84, 89, 89) cm

LONGUEUR SANS LE COL :
62 (62, 62, 67, 67) cm

FIL

Artyarns Silk Rhapsody (100 % soie et 30 % soie, 70 % kid mohair; 238 m/100 g): 3 (3, 3, 4, 4) écheveaux, coloris RH130

SUBSTITUTION : approx. 560 (630, 700, 775, 850) m de chaque fil, un mohair lace-weight et une soie DK-weight, chacun tricotant 10 cm sur 2 224 m.

CROCHET

4,0 mm ou la taille nécessaire pour obtenir l'échantillon correct.

FOURNITURE

Aiguille à laine

ÉCHANTILLON

Échantillon correct pour ce projet:

Chaînette de base de 25 ml. Trav. les rangs 1-5 du motif, puis répéter les rangs 2-5 une fois. Arrêter le fil.

Bloquer mouillé en étirant légèrement pour que la dentelle soit ouverte et plate.

L'échantillon doit mesurer 11,5 cm de large sur 11,5 cm de haut.

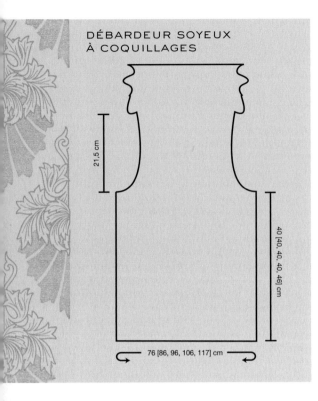

DÉBARDEUR SOYEUX
À COQUILLAGES

21,5 cm

40 [40, 40, 40, 46] cm

76 [86, 96, 106, 117] cm

DEVANT ET DOS (2)

Chaînette de base de 85 (97, 109, 121, 133) ml.

Trav. les rangs 1-5 du motif, puis les rangs 2-5,
7 (7, 7, 8, 8) fois, en term. à la fin du rang
5 du motif.

FAÇONNAGE DE L'EMMANCHURE

Rang 1 : trav. comme pour le rang 2 jusqu'à la
dernière coquille de 5b. Ms dans la bs du milieu
du groupe. Tourner.

Rang 2 : trav. comme pour le rang 3 jusqu'aux
3 dernières arches de 5ml, ms dans l'arche de 5ml,
2ml, bs dans la ms suiv. Tourner.

Cont. à trav. égal dans le motif tel qu'établi jusqu'à
43 cm du début du façonnage de l'emm., en term.
par le rang 3 ou le rang 5.

Rang final : 1ml, ms dans la 1re m., cont. comme
pour le rang 2, SAUF, trav. 3ml au lieu de 5ml pour
un bord régulier.

FINITIONS

Bloquer complètement mouillé et laisser sécher
avant de coudre à la bonne taille.

Coudre les lisières de l'ourlet au dessous de bras.
Mesurer jusqu'à 21 cm depuis le début du dessous
de bras ou jusqu'à l'endroit désiré pour l'épaule.
Coudre les bords du col à partir de ce point jusqu'au
haut du morceau. Bloquer de nouveau si désiré.

MOTIF DU FILET À COQUILLAGES

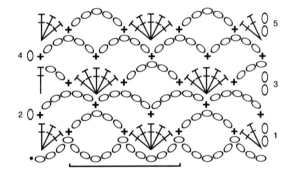

robyn chachula

TAILLES

XP (P, M, G, TG)

DIMENSIONS FINALES

TOUR DE POITRINE : 76 (89, 96, 104, 114) cm

FIL

Artyarns Regal Silk (100 % soie peinte à la main; 159 m/50 g): 5 (6, 6, 7, 7) pelotes. Noir doux (n° 246)

SUBSTITUTION : approx. 640 (730, 777, 868, 9 140) m de soie DK-weight qui tricote 10 cm sur 20 m. en jersey avec les aig. 4,5 mm.

CROCHETS

Pour P et G: 4,25 mm

Pour XP, M et TG: 5 mm

FOURNITURES

Fil et aiguille à coudre

4 boutons-perles de 6 mm de diamètre

2 petites agrafes et portes

15 cm de ruban noir gros-grain de 6 mm et fil assorti

ÉCHANTILLON

Un *granny square* mesure 8 cm de côté avec le crochet 4,25 mm et 8,5 cm avec le crochet 5 mm.

Quand je pense à des détails féminins, je pense dentelle. Celle-ci est à fleurs, légère et facile malgré son air complexe. Il suffit de suivre les indications du modèle, et si vous savez faire un granny square, vous pouvez faire la dentelle modulaire la plus complexe à première vue. Ce gilet de roses est paré de petits motifs circulaires qui sont joints au crochet.

La finesse du fil de soie exsude la sensualité de ce haut enveloppant. Non seulement la dentelle est à fleurs, mais le drapé incroyablement sexy donne au gilet un look ultra-féminin. Une tenue spectaculaire, pour le jour comme pour le soir.

conseils

Avec un tel motif, le haut doit être bien ajusté, et cela dépend de l'échantillon. Utilisez la taille de crochet nécessaire pour obtenir le bon échantillon pour votre taille.

Robyn passe ses journées à concevoir des rénovations et des restaurations structurales de bâtiments existants, ce qui semble bien loin du design de mode au crochet. Mais pour elle, ils sont similaires. Tous deux utilisent son aptitude à entreprendre un grand projet et à le scinder en petites parties qu'elle peut appréhender et remettre ensemble pour créer un tout. Vous pouvez découvrir d'autres de ses créations plus inspirées architecturalement et des idées issues de Cincinnati à www.crochetbyfaye.com.

POINTS SPÉCIAUX

2B ENS. : 1 jeté, piquer le crochet dans le cercle, 1 jeté, tirer la boucle, 1 jeté, tirer le fil à travers les 2 boucles sur le crochet, 1 jeté, piquer le crochet dans le cercle, 1 jeté, tirer la boucle, 1 jeté, tirer le fil à travers les 2 boucles sur le crochet, 1 jeté, tirer le fil à travers les 3 boucles restantes sur le crochet.

GR (GROUPE) : 1 jeté, (piquer le crochet dans le cercle, 1 jeté, tirer le fil à travers la boucle, 1 jeté, tirer le fil à travers les 2 boucles sur le crochet) 3 fois au total, 1 jeté, tirer le fil à travers les 4 boucles restantes sur le crochet.

Picot: 3ml, mc dans la 1re ml.

GRANNY SQUARE

Chaînette de base de 24 (40, 40, 72, 72) ml.
Voir diagramme pour assistance.

6ml, joindre par 1mc pour former un anneau.

ROND 1 (END.) : 2ml, 2b ens. dans l'anneau, (3ml, gr) 7 fois au total, 1ml, demi-b dans le haut de 2b ens.

ROND 2 : (5ml, ms dans le haut de l'arche de ch) 7 fois au total, 2ml, b dans la demi-b du rond précédent.

ROND 3 : *5ml, (gr, 3ml, gr) dans l'arche de 5ml suiv., 5ml, ms dans l'arche de 5ml suiv.*, rép de * à * 3 fois au total, 5ml, (gr, 3ml, gr) dans l'arche de 5ml suiv., 2ml, db dans la b du rond précédent.

ROND 4 : *5ml, ms dans l'arche de 5ml suiv., 5ml, ms dans l'arche de 3ml, 5ml, ms dans l'arche de 3ml, 5ml, ms dans l'arche de 5ml suiv.*, rép de * à * 4 fois au total. Arrêter. Rentrer les fils.

GRANNY SQUARE TRIANGULAIRE

Chaînette de base de 4 (6, 6, 6, 6) ml.
Voir diagramme pour assistance.

6 ml, joindre par 1mc pour former un anneau.

ROND 1 (END.) : 2ml, b dans l'anneau, (3ml, gr) 3 fois au total, 3ml, 2b ens. dans l'anneau. Tourner.

ROND 2 : (5ml, ms dans le haut de l'arche de 3ml) 4 fois au total, 3ml, demi-b dans la b du rond précédent. Tourner.

ROND 3 : 6ml, gr dans l'arche de 3ml, 5ml, ms dans l'arche de 5ml suiv., 5ml, (gr, 3ml, gr) dans l'arche de 5ml suiv., 5ml, ms dans l'arche de 5ml suiv., 5ml, (gr, 2ml, db) dans l'arche de 5ml suiv. Tourner.

ROND 4 : 4ml, ms dans l'arche de 2ml suiv., (5ml, ms dans l'arche de 5ml suiv.) 2 fois, 5ml, ms dans l'arche de 3ml suiv., 5ml, ms dans l'arche de 3ml, (5ml, ms dans l'arche de 5ml suiv.) 3 fois, 4ml, mc dans la même arche de 5ml. Arrêter. Rentrer les fils.

GRANNY SQUARE

GRANNY SQUARE TRIANGULAIRE

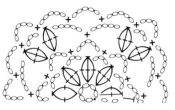

DEMI-GRANNY SQUARE

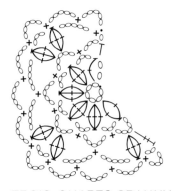

TROIS-QUARTS GRANNY SQUARE

DEMI-GRANNY SQUARE

Chaînette de base de 15 (16, 16, 4, 4) ml.
Voir diagramme pour assistance.

6ml, joindre par 1mc pour former un anneau.

ROND 1 (END.) : 2ml, b dans l'anneau, (3ml, gr) dans l'anneau 3 fois au total, 3ml, 2b ens. dans l'anneau. Tourner.

ROND 2 : (5ml, ms dans le haut de l'arche de 3ml) 4 fois au total, 3ml, demi-b dans la b du rond précédent. Tourner.

ROND 3 : 1ml, ms dans l'arche de 3ml, [5ml, (gr, 3ml, gr) dans l'arche de 5ml suiv., 5ml, ms dans l'arche de 5ml suiv.] 2 fois. Tourner.

ROND 4 : 5ml, ms dans l'arche de 5ml, 5ml, ms dans l'arche de 3ml, 5ml, ms dans l'arche de 3ml, (5ml, ms dans l'arche de 5ml suiv.) 2 fois, 5ml, ms dans l'arche de 3ml, 5ml, ms dans l'arche de 3ml, 5ml, ms dans l'arche de 5ml suiv., 5ml, mc dans la ms. Arrêter. Rentrer les fils.

TROIS-QUARTS GRANNY SQUARE

Chaînette de base de 2 (0, 0, 2, 2) ml. Voir diagramme pour assistance.

6ml, joindre par 1mc pour former un anneau.

ROND 1 (END.) : 2ml, b dans l'anneau, (3ml, gr) dans l'anneau 4 fois au total, 3ml, 2b ens. dans l'anneau. Tourner.

ROND 2 : (5ml, ms dans le haut de l'arche de 3ml) 5 fois au total, 3ml, demi-b dans la b du rond précédent. Tourner.

ROND 3 : 1ml, ms dans l'arche de 3ml, [5ml, (gr, 3ml, gr) dans l'arche de 5ml suiv., 5ml, ms dans l'arche de 5ml suiv.] 2 fois, 5ml, (gr, 2ml, db) dans la dernière arche de 5ml. Tourner.

ROND 4 : 5ml, ms dans l'arche de 2ml, *[5ml, ms dans l'arche de 5ml] 2 fois, 5ml, ms dans l'arche de 3ml, 5ml, ms dans l'arche de 3ml*, rép de * à * une autre fois, 5ml, ms dans l'arche de 5ml, 5ml, mc dans la ms. Arrêter. Rentrer les fils.

ASSEMBLAGE

Arranger tous les motifs selon les maquettes des tailles.

Relier les motifs comme suit.

RELIER 4 GRANNY SQUARES

6ml, joindre par 1mc pour former un anneau, 2ml, 2b ens. dans l'anneau, *1ml, ms dans l'arche de 5ml du coin du granny, 1ml, gr dans l'anneau, 3ml, gr dans l'anneau*, 3 fois au total, 1ml, ms dans l'arche de 5ml du coin du granny, 1ml, gr dans l'anneau, 1ml, demi-b dans le haut de 2b ens., db, (centre fait) b dans l'arche de 5ml suiv. du premier granny, 3ml, ms dans l'arche de 5ml suiv. du granny suiv., 3ml, ms dans l'arche de 5ml précédente du premier granny, *3ml, ms dans l'arche de 5ml suiv. du granny suiv., 3ml, ms dans l'arche de 5ml suiv.

du premier granny*, rép de * à * 2 fois au total, 5ml, ms dans la dernière arche de 5ml du granny suiv. Arrêter. Rentrer les fils.

RELIER ENTRE LES CENTRES

Joindre le fil à une arche de 3ml du premier centre, b dans l'arche de 5ml suiv. du premier granny, 3ml, ms dans l'arche de 5ml suiv. du granny suiv., 3ml, ms dans l'arche de 5ml précédente du premier granny, *3ml, ms dans l'arche de 5ml suiv. du granny suiv., 3ml, ms dans l'arche de 5ml suiv. du premier granny*, rép de * à * 2 fois au total, 3ml, ms dans l'arche de 3ml du centre suiv., 3ml, ms dans la dernière arche de 5ml du granny suiv. Arrêter. Rentrer les fils.

RELIER AU BRAS, AU COU OU À LA BORDURE INFÉRIEURE DE 2 GRANNY SQUARES

Joindre le fil à une arche de 3ml du premier centre, b dans l'arche de 5ml suiv. du premier granny, 3ml, ms dans l'arche de 5ml suiv. du granny suiv., 3ml, ms dans l'arche de 5ml précédente du premier granny, *3ml, ms dans l'arche de 5ml suiv. du granny suiv., 3ml, ms dans l'arche de 5ml suiv. du premier granny*, rép de * à * 2 fois au total, 3ml, ms dans l'arche de 5ml du coin du granny, 3ml, ms dans l'arche de 5ml du coin du granny suiv., 3ml, mc jusqu'à l'arche de 5ml suiv. Arrêter. Rentrer les fils.

RELIER AU COU OU À LA BORDURE INFÉRIEURE DE 2 DEMI-GRANNY SQUARES

Joindre le fil à une arche de 3ml du premier centre, b dans l'arche de 5ml suiv. du premier granny, 3ml, ms dans l'arche de 5ml suiv. du granny suiv., 3ml, ms dans l'arche de 5ml précédente du premier granny, 2ml, ms dans l'arche de 5ml suiv. du premier granny, 3ml, ms dans l'arche de 5ml du granny suiv., 2ml, mc jusqu'à l'arche de 5ml suiv. Arrêter. Rentrer les fils.

RELIER ENTRE LES CENTRES

RELIER AU CÔTÉ

RELIER AU CÔTÉ DES DEMI-GRANNIES

RELIER QUATRE GRANNIES

RELIER AUX DEMI-CENTRES

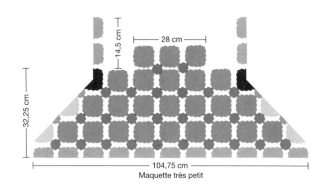

104,75 cm
28 cm
14,5 cm
32,25 cm
Maquette très petit

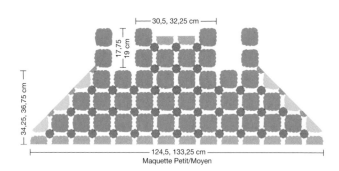

30,5, 32,25 cm
17,75
19 cm
34,25, 36,75 cm
124,5, 133,25 cm
Maquette Petit/Moyen

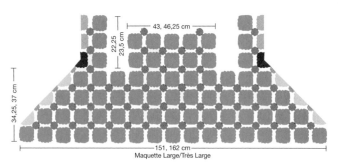

43, 46,25 cm
22,25
23,5 cm
34,25, 37 cm
151, 162 cm
Maquette Large/Très Large

RELIER 2 GRANNY SQUARES TRIANGULAIRES À L'ENCOLURE

6ml, joindre par 1mc pour former un anneau, 3ml, ms dans l'arche de 5ml du premier granny, *1ml, gr dans l'anneau, 1ml, ms dans l'arche de 5ml de la jointure, 1ml, gr dans l'anneau, 1ml, ms dans l'arche de 5ml du granny suiv.*, 2 fois, 3ml, mc jusqu'au cercle, (demi-centre fait). Arrêter. Rentrer les fils.

FINITIONS

Plier le corps en alignant les bretelles. Relier les bretelles du devant à celles du dos au niveau de la couture de l'épaule en utilisant la méthode pour joindre décrite ci-dessus.

BORDURE

Sur l'endroit, joindre le fil à la bordure inférieure du milieu du dos, (3ms, picot) de façon égale tout autour de la bordure. Répéter pour les ouvertures des bras.

Couper le ruban en deux, un de 3,75 cm et un de 11,5 cm de long.

Épingler et coudre le ruban à l'intérieur du corps aux coutures des côtés des rabats des devants.

Coudre 4 boutons le long du ruban de 11,5 cm en s'assurant de les aligner aux picots du bord opposé du rabat externe. Les espaces sous les picots (entre les mailles serrées) deviennent des boutonnières.

Coudre les agrafes et les portes en haut du rabat intérieur et du ruban court.

HAUT
à deux fantaisies

annie modesitt

Accentué par un fil de soie perlé étincelant, ce haut est composé d'un corsage croisé et de demi-manches évasées. La taille est travaillée en soie fine. Ce haut féminin à la fois pudique et sensuel s'inspire des styles du début des années 1940. Imaginez-le avec une jupe droite étroite et des talons hauts. La soie et les perles lui confèrent cet air de charme propre à une vedette du petit écran.

TAILLES

XP (P, M, G, TG, 2X)

71 (81, 91, 101, 112, 127) cm

DIMENSIONS FINALES

TOUR DE POITRINE :
72 (86, 96, 106, 117, 132) cm

FIL

FIL A : Artyarns Silk Ribbon (100 % soie; 117 m/25 g): 3 (3, 4, 4, 5, 5) écheveaux. Coloris 133

FIL B : Artyarns Silk Rhapsody (100 % soie et 30 % soie, 70 % mohair; 238 m/100 g): 4 (4, 4, 5, 5, 5) écheveaux. Coloris 133

FIL C : Artyarns Beaded Silk (100 % soie avec perles de verre argentées; 91 m/50 g): 2 (2, 2, 2, 3, 3) écheveaux. Coloris 133

CROCHETS

3,75 mm ou la taille nécessaire pour obtenir un échantillon correct.

4,0 mm ou la taille nécessaire pour obtenir un échantillon correct.

FOURNITURE

Aiguille à laine

ÉCHANTILLON

Dans le motif fantaisie en côtes, 10 cm = 16 m. et 16 rangs avec un crochet plus petit.

Dans le motif fantaisie du corsage, 10 cm = 22 m. et 8 rangs avec un crochet plus petit.

conseils

L'utilisation d'un marqueur de couleur différente est conseillée pour indiquer le début du rond (milieu du dos) et le distinguer des autres.

Si les marqueurs interfèrent avec les augmentations/diminutions, enlevez-les pour travailler les mailles, puis remettez-les en place.

Annie Modesitt adore la nature sculpturale du crochet et le fait qu'un magnifique tissu peut être créé en utilisant juste un crochet et un fil aussi fin que du fil à pêche ! On trouve les designs d'Annie et ses essais sur le tricot et le crochet dans plusieurs livres et magazines, dont Interweave Crochet, Family Circle *et* Easy Knitting. *Annie est l'éditrice des calendriers* Accord Crochet Pattern-a-Day *de 2006 et 2007.*

FANTAISIE EN CÔTES

Avec le fil A et le crochet 4,0 mm, monter 30 (34, 38, 42, 46, 52) ml.

RANG 1 : passer au crochet 3,75 mm.

Piquer le crochet dans la 2e ml depuis le crochet, faire une demi-b dans chaque ml. Tourner.

RANG 2 (ENV.) : 1ml, 1ms dans la boucle arrière de chaque demi-b. Tourner.

RANG 3 (END.) : 2ml. 1demi-b dans chaque ms.

Rép les rangs 2-3 jusqu'à ce que le morceau mesure 66 (76, 86, 96, 106, 122) cm - 104 (120, 136, 152, 168, 192) rangs – ou entoure confortablement la taille et les côtes. Term. par un rang sur l'endroit. Arrêter le fil.

BORDURE INFÉRIEURE

RANG 1 : joindre le fil C à la dernière m. des côtes, sur l'endroit, trav. le long de la lisière en crochetant 3ms tous les 2 rangs. Tourner.

RANG 2 : 1ml, 1ms dans chaque ms de lisière pour créer un bord ferme. Arrêter le fil.

Plier le morceau en 2, endroit contre endroit. Ms le dernier rang de côtes à la chaînette de base pour former un tube.

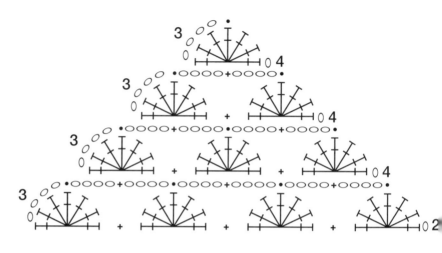

FANTAISIE DU CORSAGE

PRÉPARATION DU MOTIF

Utilisant la couture comme couture d'endroit ou d'envers, marquer le milieu du devant et le milieu du dos, marquer l'envers et l'endroit, marquer le point entre le milieu du devant et l'envers avec un marqueur bleu, marquer le point entre le milieu du devant et les endroits avec un marqueur rouge (ces 2 derniers seront le début et la fin du rang de motif suivant).

Commençant au marqueur bleu et trav. sur l'endroit, avec le fil B et le crochet 4,0 mm, faire 160 (184, 200, 224, 248, 280) demi-b tout autour du haut du tube (lisières) jusqu'à revenir au marqueur bleu. Cont. dans la même direction, trav. dans les boucles arrière seulement du rang au-dessous, en terminant au marqueur rouge (derrière les mailles originales) - 188 (220, 236, 268, 292, 332) m., tourner l'ouvrage.

DÉBUT DU MOTIF COQUILLE

RANG 1 (ENV.) : 1ml, ms dans chaque demi-b jusqu'à la fin du rang (mq bleu). Tourner.

RANG 2 (END.) : *(1ml, sauter 3 m., 7b dans la m. suiv., sauter 3 m., ms dans la m. suiv.), rép de * aux 4 dernières m., 7b dans la m. suiv., ms dans la dernière m., tourner - 24 (28, 30, 34, 37, 42) coquilles.

RANG 3 (ENV.) : *(4ml, mc dans le haut de la coquille suiv., 4ml, ms dans l'arche à gauche de la ms suiv.), rép de * tout autour, finir par 1mc dans le haut de la dernière coquille. Tourner.

RANG 4 (END.) : (7b dans la ms suiv., ms dans la mc suiv. en haut de la coquille du rang précédent), rép jusqu'à la fin, finir par 1mc dans le haut de la dernière coquille. Tourner.

Répéter les rangs 3 et 4, en trav. le motif coquille en va-et-vient tel qu'établi, créant une diagonale à chaque bord en trav. à 1 motif de chaque bord tous les 2 rangs comme montré.

Quand il reste un total de 13 (17, 19, 21, 23, 27) motifs, placer un mq rouge à chaque coquille d'extrémité [coquilles n°1 et n°13 (17, 19, 21, 23, 27)] et répartir pour les devants et le dos comme suit :

DEVANT GAUCHE

RANG 1 (ENV.) : (4ml, mc dans le haut de la coquille suiv., 4ml, ms dans l'arche à gauche de la ms suiv.) 1 (2, 3, 3, 3, 4) fois, marquer la dernière ms travaillée, 6ml, ms dans la 2e ml depuis le crochet. Tourner.

RANG 2 (END.) : 7b dans la ms, ms dans la m. marquée, (7b dans la ms suiv., ms dans la mc suiv. en haut de la coquille du rang précédent), rép jusqu'à la fin, finir par 1ms dans la mc en haut de la coquille d'extrémité. Tourner.

RANG 3 (ENV.) : (4ml, mc dans le haut de la coquille suiv., 4ml, ms dans l'arche à gauche de la ms suiv). Finir par 1mc dans le haut de la dernière coquille. Tourner.

RANG 4 (END.) : (7b dans la ms suiv., ms dans la mc suiv. en haut de la coquille du rang précédent), rép jusqu'à la fin, finir par 1mc dans le haut de la dernière coquille à l'encolure. Tourner.

RANG 5 (ENV.) : (4ml, mc dans le haut de la coquille suiv., 4ml, ms dans l'arche à gauche de la ms suiv.), rép jusqu'à la fin, finir par 1ms dans la 7e b au bord de la dernière coquille. 6ml, ms dans la 2e ml du crochet. Tourner.

Répéter les rangs 2-5, dim. un motif de 7-m. à chaque encolure tous les 4e rangs tel qu'établi, tout en ajoutant un motif de 7-m. à l'emmanchure tel qu'indiqué jusqu'à ce qu'il reste seulement 2 (3, 4, 4, 4, 5) motifs.

Trav. égal, en trav. 2 (3, 4, 4, 4, 5) motifs dans chaque rang sur l'endroit jusqu'à avoir travaillé un total de 20 (24, 28, 28, 32, 36) rangs de motif - 10 (12, 14, 14, 16, 18) points le long de l'emmanchure. Le dernier rang doit avoir un motif coquille qui dépasse au cou.

DEVANT DROIT

Avec une nouvelle pelote de fil B et le crochet 4,0 mm, sur l'envers de l'ouvrage et en commençant à gauche du 2e (3e, 4e, 4e, 4e, 5e) motif de l'encolure, trav. comme suit:

RANG 1 (ENV.) : 1ms dans l'arche à gauche du 2e (3e, 4e, 4e, 4e, 5e) motif de l'encolure, (4ml, mc dans le haut de la coquille suiv., 4ml, ms dans l'arche à gauche de la ms suiv.), rép jusqu'à la fin, finir par 1mc dans le haut de la dernière coquille à l'encolure.

RANG 2 (END.) : 7b dans la ms suiv., ms dans la mc suiv. en haut de la coquille du rang précédent), rép jusqu'au haut de la dernière coquille (coquille à l'emmanchure), marquer la dernière ms travaillée. 6ml, trav. 7b dans la 2e ml depuis le crochet. Tourner.

RANG 3 (ENV.) : 4ml, mc dans le haut de la coquille nouvellement formée, 4ml, piquer le crochet dans le haut de la dernière b de la coquille et de la m. marquée, tirer une boucle à travers les deux m. (4ml, mc dans le haut de la coquille suiv., 4ml, ms dans l'arche à gauche de la ms suiv.) finir par 1mc dans le haut de la dernière coquille à l'encolure. Tourner.

RANG 4 (END.) : (7b dans la ms suiv., ms dans la mc suiv. en haut de la coquille du rang précédent), rép jusqu'au bord de l'emmanchure, finir par 7b dans la ms d'extrémité (coquille de l'emmanchure). Tourner.

RANG 5 (ENV.) : (4ml, mc dans le haut de la coquille suiv., 4ml, ms dans l'arche à gauche de la ms suiv.) finir par 1mc dans le haut de la dernière coquille à l'encolure. Tourner.

Rép les rangs 2-5, dim. un motif de 7-m. à chaque bord d'encolure tous les 4e rangs tel qu'établi, tout en ajoutant un motif de 8-m. à l'emmanchure tel qu'indiqué jusqu'à ce qu'il reste seulement 2 (3, 4, 4, 4, 5) motifs.

Trav. égal, en trav. 2 (3, 4, 4, 4, 5) motifs sur chaque rang sur l'endroit jusqu'à avoir travaillé un total de 20 (24, 28, 28, 32, 36) rangs de motif - 10 (12, 14, 14, 16, 18) points le long de l'emmanchure. Le dernier rang doit avoir un motif coquille qui dépasse au cou.

DOS

Retourner à l'endroit du partage de l'emmanchure.

RANG 1 (ENV.) : joindre le fil en haut de la 3e (4e, 5e, 5e, 5e, 6e) coquille du bord du devant par 1mc, (4ml, ms dans l'arche à gauche de la ms suiv., 4ml, mc dans le haut de la coquille suiv.) - 8 (10, 10, 12, 14, 16) motifs, en term. en haut de la 3e (4e, 5e, 5e, 5e, 6e) coquille depuis le bord. Tourner.

RANG 2 (END.) : 1ml, ms dans la mc juste travaillée, (7b dans la ms suiv., ms dans la mc suiv. en haut de la coquille du rang précédent), rép jusqu'au haut de la dernière coquille. Tourner.

RANG 3 (ENV.) : (4ml, ms dans l'arche à gauche de la ms suiv., 4ml, mc dans le haut de la coquille suiv.), rép jusqu'à la dernière coquille du rang, en term. en trav. 1ms à la fin de la dernière coquille. Tourner.

RANG 4 (END.) : 2ml, b dans la ms juste travaillée, (ms dans la mc suiv. en haut de la coquille du rang précédent, 7b dans la ms suiv.), rép jusqu'à la fin, finir par 7b dans la dernière ms du rang. Tourner.

RANG 5 (ENV.) : (4ml, mc dans le haut de la coquille suiv., 4ml, ms dans l'arche à gauche de la ms suiv.), rép jusqu'à la dernière coquille du rang, en term. par 1mc en haut de la dernière coquille. Tourner.

RANG 6 (END.) : (7b dans la ms suiv., ms dans la mc suiv. en haut de la coquille du rang précédent), rép jusqu'à la fin, finir par 1ms dans la mc suiv. en haut de la dernière coquille du rang précédent. Trav. égal, trav. 8 (10, 10, 12, 14, 16) motifs dans chaque rang sur l'endroit jusqu'à avoir travaillé un total de 12 (12, 16, 16, 16, 20) rangs de motif, tourner - 6 (6, 8, 8, 8, 10) points le long de l'emmanchure. Le dernier rang doit avoir un motif coquille qui dépasse à chaque bord.

RELIER LE DEVANT ET LE DOS

Relier les bords d'emmanchure de façon que le dernier motif du dos dépasse à chaque bord d'emmanchure et que les pointes du devant tombent entre les pointes du dos. Trav. sur l'envers, assembler les épaules en ms.

ENCOLURE

RANG 1 (END.) : avec le fil C, commençant au bas du côté gauche de l'encolure, (mc dans le point le plus extérieur du motif coquille suiv., 4ml).

Rép jusqu'au premier motif coquille marqué rouge inclus; déplacer le mq. jusqu'à la mc juste travaillée.

(Mc dans la « vallée » suiv. entre deux points, 4ml), rép jusqu'à la couture de l'épaule.

(Mc dans le point le plus extérieur du motif coquille suiv., 4ml), rép jusqu'à la couture de l'épaule.

(Mc dans la «vallée» suiv. entre deux points, 4ml), rép jusqu'au second motif coquille marqué rouge inclus; déplacer le mq. jusqu'à la mc juste travaillée.

(Mc dans le point le plus extérieur du motif coquille suiv., 4ml), rép jusqu'au bas du côté droit de l'encolure. Tourner.

RANG 2 (ENV.) : trav. 4ms dans chaque arche de ch. Tourner.

RANG 3 (END.) : mc dans la 1re m., 1ms dans chaque ms jusqu'à la dernière ms, mc dans la dernière m.

RANG 4 (ENV.) : sauter la mc, mc dans la m. suiv., (1ms dans la ms suiv.), rép jusqu'à la m. marquée.

(1ms dans chaque 2ms suiv., 2ms-ens.), rép jusqu'à la couture de l'épaule.

(1ms dans la ms suiv.), rép jusqu'à la couture de l'épaule.

(1ms dans chaque 2ms suiv., 2ms-ens.), rép jusqu'à la m. marquée suiv.

(1ms dans la ms suiv.), rép jusqu'à 1 m. avant la dernière ms, mc dans la dernière m. Tourner.

RANG 5 (END.) : mc dans la 1re m., 10ms, demi-b jusqu'à la m. marquée, b jusqu'à la m. marquée suiv., demi-b jusqu'aux 11 dernières ms, 10ms, mc dans la dernière m. Tourner.

RANG 6 (ENV.) : mc dans la m. suiv., (1ms dans la ms suiv.), rép jusqu'à la m. marquée. Tourner.

(1ms dans la m. suiv., 2ms-ens.), rép jusqu'à la m. marquée.

(1ms dans la ms suiv.), rép jusqu'à 1 m. avant le bord inférieur gauche, mc dans la dernière m. Tourner.

RANG 7 (END.) : mc dans la 1re m., 10ms, demi-b jusqu'à la m. marquée, b jusqu'à la m. marquée, demi-b jusqu'aux 11 dernières ms, 10ms, mc dans la dernière m.

RANG SUIV. (ENV.) : mc dans la 1re m., ms jusqu'à la dernière ms, mc dans la dernière ms.

BORDURE DE PICOTS

Travaillée sur l'envers.

1ms dans chacune des 3 m. suiv., 3ml, piquer le crochet de l'envers vers l'endroit dans la seconde ms travaillée, puis de l'endroit vers l'envers à travers la m. non travaillée suiv., ramener une boucle, 1 jeté, tirer le fil à travers les deux boucles sur le crochet, passer à la m. non travaillée suiv. Arrêter le fil.

MANCHES (2)

Tête de manche

Compter les « pics » et les « vallées » autour de chaque emmanchure; il devrait y avoir 16 (18, 22, 22, 24, 28) points de chaque. Mettre le morceau à plat, la couture d'épaule sera derrière et sous le haut de l'épaule.

Marquer le pic central du bas de l'ouvrage et, sur l'envers, joindre le fil au pic immédiatement à gauche du pic central du bas.

RANG 1 (ENV.) : (4ml, ms dans la vallée à gauche de la dernière ms, 4ml, mc dans le haut du pic suiv.), rép jusqu'au dernier pic à droite du pic marqué. Tourner.

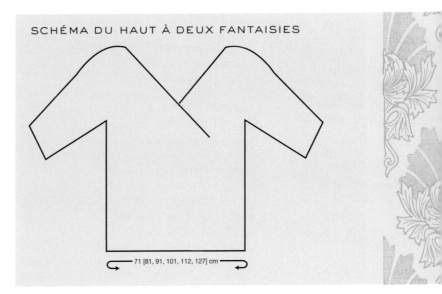

SCHÉMA DU HAUT À DEUX FANTAISIES

71 [81, 91, 101, 112, 127] cm

RANG 2 (END.) : (7b dans la ms de la vallée, mc en haut de la coquille du rang précédent) 13 (15, 19, 19, 21) fois, finir par 7b dans la vallée avant le pic où le fil a été joint. Tourner.

RANG 3 (ENV.) : (4ml, mc dans le haut de la coquille suiv., 4ml, ms dans l'arche à gauche de la ms suiv.) finir par 1mc dans le haut de la 13e (15e, 19e, 19e, 21e) coquille. Tourner.

RANG 4 (END.) : (7b dans la ms de la vallée, mc en haut de la coquille du rang précédent) 12 (14, 18, 18, 20) fois, finir par 7b dans la vallée avant le pic où le fil a été joint. Tourner.

RANG 5 (ENV.) : (4ml, mc dans le haut de la coquille suiv., 4ml, ms dans l'arche à gauche de la ms suiv.) finir par 1mc dans le haut de la 12e (14e, 18e, 18e, 20e) coquille. Tourner.

Cont. de cette façon, en trav. 2 motifs de moins (diminuant) sur chaque rang sur l'endroit jusqu'à obtenir un total de 9 (11, 15, 15, 17) coquilles. Finir par 1mc dans le haut de la coquille précédente. Arrêter le fil.

BRAS

Trav. en rond.

ROND 1 (ENV.) : joindre le fil B au bas du pic marqué et, trav. sur l'envers, 4ml, ms dans la vallée à gauche du pic marqué, (4ml, mc dans la ms en haut de la coquille suiv., 4ml, ms dans la ms en haut de la coquille suiv.) deux fois, 4ml, mc en haut de la coquille suiv., (4ml, ms dans l'arche à gauche de la ms suiv.) 9 (11, 15, 15, 17) fois, (4ml, ms dans la ms en haut de la coquille suiv., 4ml, mc dans la ms en haut de la coquille suiv.) deux fois, 4ml, ms dans la vallée à gauche du pic marqué, 4ml, mc dans le pic marqué. Tourner.

ROND 2 (END.) : (7b dans la ms, ms dans la mc suiv.), rép tout autour, en term. par 1mc dans le pic marqué - 16 (18, 22, 22, 24, 28) coquilles. Tourner.

ROND 3 (ENV.) : (4ml, mc dans le haut de la coquille suiv., 4ml, ms dans l'arche à gauche de la ms suiv.), rép tout autour, en term. par 1ms dans la mc au-dessus du point marqué. Tourner.

ROND 4 (END.) : 2ml, 3b, (ms dans la mc suiv., 7b dans la ms), rép tout autour, en term. par 4b pour compléter la coquille au point où les 3b initiales ont été formées. Tourner.

ROND 5 (ENV.) : (4ml, ms dans l'arche à gauche de la ms suiv., 4ml, mc dans le haut de la coquille suiv.), rép tout autour. Tourner.

DIMINUTIONS DES MANCHES

Répéter les ronds 2-5, en trav. des coquilles de 6b au lieu de 7. Cont. à répéter les ronds 2-5, en trav. 1b de moins dans chaque coquille du rond jusqu'à ce qu'il reste 5b dans chaque coquille. Trav. égal, sans autres diminutions dans les coquilles, en trav. 5b dans chaque coquille jusqu'à ce que la manche mesure 25 cm de l'épaule à la bordure de la manche, ou la longueur désirée. Finir par un rond sur l'endroit. Arrêter.

Bordure de la manche

Avec le fil C, trav. 2 rangs de ms autour de chaque manche. Arrêter.

FINITIONS

Rentrer tous les fils.

CARDIGAN
à papillons

amy swenson

TAILLES

XPP (MG, TG2X)

DIMENSIONS FINALES

TOUR DE POITRINE : 102 (127, 157) cm

FIL

Blue Sky Alpacas Royal (100 % bébé alpaga; 263 m/100 g): 5 (7, 9) écheveaux. Cuir espagnol

SUBSTITUTION : approx. 1 316 (1 749, 1 899) m de fil sport-weight. Rechercher un fil qui crochète 10 cm sur 2 426 m.

CROCHET

6,0 mm ou la taille nécessaire pour obtenir l'échantillon correct

FOURNITURES

Aiguille à laine

Anneaux marqueurs détachables

ÉCHANTILLON

Échantillon correct pour ce projet:

Chaînette de base de 21 ml en tenant deux brins ensemble.

Trav. les rangs 1-5 du motif en dentelle papillon, puis les rangs 2-4. Couper et arrêter le fil.

Bloquer mouillé et étirer, en épinglant aux mesures.

L'échantillon doit mesurer 16,5 cm de large sur 15,25 cm de haut au point le plus haut.

Délicieusement délicat et absolument accrocheur, ce motif de papillons crée une dentelle moderne des plus adorables. J'ai utilisé ici le plus doux et le plus précieux des fils d'alpaga double, pour réaliser ce vêtement aérien. Conçu pour être porté ouvert sur une camisole à bordures de dentelle en été ou un col roulé près du corps en hiver, ce cardigan a du style à longueur d'année. Les larges manches kimono s'allongent avec élégance jusqu'aux poignets, tandis que sa hauteur de buste légèrement courte convient à merveille à un dessous plus long.

conseils

La taille exacte est contrôlée en bloquant mouillé fermement et en épinglant aux mesures désirées. Comme ce cardigan est conçu pour être porté lâche, choisissez un tour de poitrine d'au moins 12,5 cm plus large que le vôtre. Le fil est tenu à double à tout moment et le modèle est travaillé en un seul morceau, de la couture du dos à celle du devant.

Trav. sur un multiple de 10 m. plus 1.

RANG 1 : une fois la chaînette de base complétée, 2ml, b dans le 3e ml du crochet, * sauter 4ml, 4ml, (ms, 7ml) 3 fois dans la ml suiv., ms dans la même ml, sauter 4ml, 4ml, b dans la ml suiv.*. Rép de * à *, en term. par 1b dans la ml finale. Tourner.

RANG 2 : 1ml, *ms dans la b, 1ml, (ms dans l'arche de 7ml, 3ml) deux fois, ms dans l'arche de 7ml, 1ml*. Rép de * à * tout autour, en term. par 1ms dans la b. Sauter la ch pour tourner. Tourner.

RANG 3 : 1ml. Dans la 1re ms (7ml, ms) deux fois, *sauter (arche de 1ml, ms, arche de 3ml) du rang en dessous, 4ml, b dans la ms suiv., sauter (arche de 3ml, ms, arche de 1ml) du rang en dessous, 4ml, (ms, 7ml) 3 fois dans la ms suiv., ms dans la même ms*. Rép de * à *, en term. par (ms, 7ml, ms, 4ml, trb) dans la dernière ms. Sauter la ch pour tourner. Tourner.

RANG 4 : 1ml. Ms dans l'arche de 7ml, 3ml, ms dans l'arche de 7ml suiv., *1ml, ms dans la b, 1ml, (ms dans l'arche de 7ml, 3ml) deux fois, ms dans l'arche de 7ml*. Rép de * à *, en term. par 3ml, ms dans l'arche de 7ml. Tourner.

RANG 5 : 2ml, *b dans la ms, sauter (3ml, ms, ml) du rang en dessous, 4ml, dans la ms suiv., (ms, 7ml) trois fois, ms dans la même ms, sauter (1ml, ms, 3ml) du rang en dessous, 4ml*. Rép de * à *, en term. par 1b dans la dernière ms. Sauter la ch pour tourner. Tourner.

Rép les rangs 25 du motif.

DOS

Chaînette de base de 61 (81, 101) ml.

Commençant par le rang 1 du motif en dentelle papillon, trav. les rangs 1-5, puis 2-5 deux fois, puis 2-5 une autre fois. Ne pas tourner à la fin du rang.

Pour un vêtement plus long, ajouter de la longueur maintenant (avant le dessous de bras). Avant blocage, le morceau mesurera approximativement 21 cm à ce point.

Après blocage, la distance jusqu'au dessous de bras sera plutôt de 30 cm. Chaque répétition des rangs 2-5 ajoutera 6 cm de longueur avant blocage.

MANCHES

Chaînette de base de 50 ml pour la 1re manche.

Tourner, trav. comme pour le rang 1, en plaçant 1b dans la 1re ms du corps. Une fois le dos atteint, cont. comme pour le rang 5 jusqu'à la dernière m. du corps, b dans la dernière m.

Attacher le fil à double d'une autre pelote juste sous la maille qui vient d'être faite, par une mc. Chaînette de 50 ml. Couper et arrêter le fil.

Prendre le fil du corps et cont. le long de cette chaînette comme pour le rang 1 du motif.

Cont. à trav. les rangs 2-5 deux fois, puis 2-4 une fois.

Diviser pour le cou.

Commençant comme pour le rang 5, trav. 6 (7, 8) répétitions du motif, b dans la ms au milieu du haut du gr de ml suiv. 4ml, (ms, 7ml, ms, 4ml, trb) tous dans la 2e ms. Tourner.

Les deux côtés du morceau seront maintenant travaillés séparément.

MANCHE ET DEVANT DROIT

RANG 1 : 1ml, ms dans l'arche de 4ml, 3ml, ms dans l'arche de 7ml, 1ml, finir comme pour le rang 2 de la dentelle papillon. Tourner.

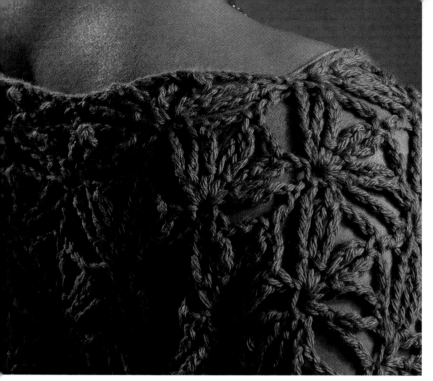

La manche droite est maintenant finie.

Sans tourner, rattacher le fil à la bordure du corps par 1mc au dessous de bras (22e ms depuis le bord, là où la manche a commencé au dos de l'ouvrage).

Cont. comme pour le rang 5, puis répéter les rangs 2-5 trois fois, puis 2-4 une fois. Couper et arrêter le fil.

MANCHE ET DEVANT GAUCHE

1mc pour attacher le fil à la 27e ms depuis le bord de la manche du côté gauche, en s'assurant de laisser 3 gr entiers de 7ml pour l'arrière du cou. La mc doit être placée dans la ms au-dessus de la b.

RANG 1 : (8ml, ms, 7ml, ms) dans la 1re ms à la base de la mc, 4ml, b dans la ms suiv., cont. comme pour le rang 5. Tourner.

Puis trav. les rangs 2-5 une fois et les rangs 2-4 une fois. Ne pas tourner.

Ajout du panneau avant

Chaînette de base de 15 ml. Tourner.

RANG 1 : 2ml, b dans la 3e ml, cont. comme pour le rang 5 tout autour de la manche, du devant gauche et des m. de la chaînette de 15 ml. Tourner.

Trav. les rangs 2-4.

Placer un mq détachable dans la 22e ms depuis la bordure de la manche pour indiquer la bordure du corps et l'emplacement de la lisière.

Trav. comme pour le rang 5, en term. par 1b dans la m. marquée. Enlever le mq.

Trav. les rangs 2-5 trois fois, puis 2-4 une fois (même longueur que le devant droit). Couper et arrêter le fil.

FINITIONS

Bloquer mouillé et épingler aux mesures. Laisser sécher.

Coudre les lisières et les dessous de bras.

Rentrer les fils.

RANG 2 : trav. comme pour le rang 3 jusqu'à la fin du rang, en plaçant 1b dans la dernière ms. Tourner.

RANGS 3-4 : cont., en trav. comme pour les rangs 4 et 5, en faisant correspondre le motif tel qu'établi. Tourner.

RANG 5 : 1ml, ms dans l'arche de 4ml, 3ml, ms dans l'arche de 7ml, 1ml, finir comme pour le rang 2. Tourner.

Cont., en trav. comme pour les rangs 3 et 4 de la dentelle papillon une autre fois.

AJOUT DU PANNEAU AVANT

Avec un fil à double séparé, mc jusqu'à l'extrémité du rang juste travaillé. 15 ml. Tourner.

Commençant par un rang 5, trav. dans le motif tout autour de la manche, du devant droit et des m. de la chaînette de 15 ml.

Trav. les rangs 24. Arrêter. Ne pas tourner.

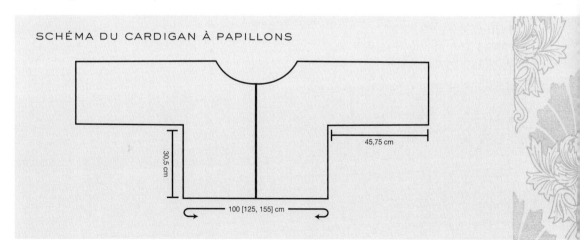

SCHÉMA DU CARDIGAN À PAPILLONS

30,5 cm

45,75 cm

100 [125, 155] cm

CHANDAIL
à petits choux

robyn chachula

TAILLES

XP (P, M, G, TG)

70 (80, 90, 100, 110) cm

DIMENSIONS FINALES

TOUR DE POITRINE : 75 (86, 97, 108, 119) cm

FIL

Lorna's Laces Angel (70 % angora, 30 % laine d'agneau; 45,5 m/14,25 g): 21 (25, 28, 33, 35) pelotes. Gris étain.

SUBSTITUTION : approx. 960 (1 142, 1 257, 1 485, 1 600) m de mélange angora DK-weight qui tricote 10 cm en jersey sur 20 m.

CROCHET

5,0 mm ou la taille nécessaire pour obtenir l'échantillon correct

FOURNITURE

Aiguille à laine

ÉCHANTILLON

4 b-V et 8 rangs dans le motif pour 11,5 cm par 10 cm avec le crochet 5,0 mm.

Quand je pense sensualité en hiver, j'imagine immédiatement les douillets chandails des skieuses des années 1970. Avec eux, nul besoin de montrer beaucoup de peau. Leurs textures douces sur les courbes naturelles des filles en disaient long. Le chandail présenté ici est né de ces images. Que vous le portiez en dénudant une épaule ou les deux, le doux halo de l'angora sur vos courbes féminines vous transformera immédiatement en un « petit chou » de skieuse des plus sensuels.

conseils

Le corps est travaillé en rond jusqu'aux emmanchures, auquel point il est scindé en un panneau avant et un panneau arrière.

Le motif n'est pas bloqué pour ajouter de l'élasticité au chandail.

Robyn passe ses journées à concevoir des rénovations et des restaurations structurales de bâtiments existants, ce qui semble bien loin du design de mode au crochet. Mais pour elle, ils sont similaires. Tous deux utilisent son aptitude à entreprendre un grand projet et à le scinder en petites parties qu'elle peut appréhender et remettre ensemble pour créer un tout. Vous pouvez découvrir d'autres de ses créations plus inspirées architecturalement et des idées issues de Cincinnati à www.crochetbyfaye.com.

POINTS SPÉCIAUX

B-V (BRIDES EN V) : (2b, 3ml, 2b) dans l'arche de 3ml suiv.

PETIT CHOU : 4ml, *1 jeté, piquer le crochet dans la 4e ml depuis le crochet et ramener une boucle* 3 fois, 1 jeté, tirer le fil à travers les 6 boucles sur le crochet, 1 jeté, tirer le fil à travers les deux dernières boucles sur le crochet.

BB : 4ml, b dans la 4e ml depuis le crochet, *b dans la barre inférieure de la b juste faite (1b hors chaînette faite), répéter de * pour la longueur de la bb requise.

MOTIF PETIT CHOU

20bb.

RANG DE PRÉPARATION : (b, 3ml, 2b) dans la 4e ml du crochet, sauter 3ml (2b, 3ml, 2b) dans la ml suiv. (1 b-V faite)*. Rép de * à * tout le long, tourner 5 b-V faites.

RANG 1 : 1ml, (ms, 3ml, ms) dans l'arche de 3ml de la 1re b-V *petit chou, (ms, 3ml, ms) dans l'arche de 3ml suiv.*. Rép de * à * tout le long, tourner - 4 petits choux.

RANG 2 : 1ml, mc dans la 1re arche de 3ml, 3ml, (b, 3ml, 2b) dans la même arche de 3ml (compte comme 1 b-V), sauter 1 petit chou, b-V dans l'arche de 3ml suiv.*. Rép tout le long. Tourner.

Rép les rangs 1-2 jusqu'à obtenir la longueur désirée.

CORPS

Trav. en bb sur un total de 111 (127, 143, 159, 175) b (sans inclure les 4ml), mc pour commencer la chaînette pour former le rond - 112 (128, 144, 160, 176) b au total. Marquer le début du rond.

Bordure

Trav. 3 ronds en demi-b.

Début du motif de petits choux

Trav. en rond sans tourner.

ROND DE PRÉPARATION : 3ml, (b, 3ml, 2b) dans la 1re demi-b, *sauter 3demi-b, (2b, 3ml, 2b) dans la demi-b suiv. (1 b-V faite)*. Rép tout autour, mc pour commencer la chaînette - 28 (32, 36, 40, 44) b-V faites.

ROND 1 : suivre le rang 1 du motif, mc jusqu'à la 1re ms - 28 (32, 36, 40, 44) petits choux au total.

ROND 2 : rép le rang 2 du motif, mc jusqu'à la ml du début 28 (32, 36, 40, 44) b-V au total.

DIMINUTIONS DU FAÇONNAGE DE LA TAILLE

Cont. en spirale sans tourner.

ROND 1 : 1ml, (ms, 3ml, ms) dans l'arche de 3ml de la 1re b-V, sauter 1 petit chou, (ms, 3ml, ms)

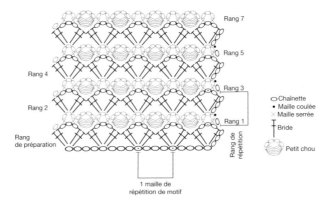

Rang 7
Rang 5
Rang 4
Rang 3
Rang 2
Rang 1
Rang de préparation

Rang de répétition

○ Chaînette
● Maille coulée
✕ Maille serrée
T Bride
Petit chou

1 maille de répétition de motif

dans l'arche de 3ml de la b-V suiv. *petit chou, (ms, 3ml, ms) dans l'arche de 3ml suiv.*. Rép pendant 13 (15, 17, 19, 21) petits choux, sauter 1 petit chou, (ms, 3ml, ms) dans l'arche de 3ml de la b-V suiv. *petit chou, (ms, 3ml, ms) dans l'arche de 3ml suiv.*. Rép tout autour, mc jusqu'à la 1re ms - 26 (30, 34, 38, 42) petits choux.

ROND 2 : 1ml, mc dans la 1re arche de 3ml, 3ml, b dans l'arche de 3ml, 3ml, 2b dans l'arche de 3ml suiv. (diminution faite), *sauter 1 petit chou, b-V dans l'arche de 3ml suiv.* rép 12 (14, 16, 18, 20) fois, sauter 1 petit chou, 2b dans l'arche de 3ml suiv., 3ml, 2b dans l'arche de 3ml suiv., *sauter 1 petit chou, b-V dans l'arche de 3ml suiv.* rép tout autour, mc jusqu'à la ml du début - 24 (28, 32, 36, 40) b-V.

Rép les ronds 1-2 de façonnage de la taille une autre fois pour avoir 12 (14, 16, 18, 20) petits choux de chaque côté.

RETOUR AU MOTIF

Rép les ronds 1-2 du motif deux fois. Rép le rond 1 une fois - 24 (28, 32, 36, 40) petits choux.

AUGMENTATIONS DU FAÇONNAGE DE LA TAILLE

ROND 1 : 1ml, ne pas tourner, mc dans la 1re arche de 3ml, 3ml, (b, 3ml, 2b, 3ml, 2b) dans la même arche de 3ml (1 aug. faite), *sauter 1 petit chou, b-V dans l'arche de 3ml suiv.* rép pendant 11 (13, 15, 17, 19) b-V, sauter 1 petit chou, (2b, 3ml, 2b, 3ml, 2b) dans l'arche de 3ml suiv. (1 aug. faite) *sauter 1 petit chou, b-V dans l'arche de 3ml suiv.* rép tout autour, mc jusqu'à la ml du début - 22 (26, 30, 34, 38) b-V + 2 aug.

Trav. égal, rép les ronds 1-2 du motif une fois. Rép le rond 1 du motif une fois - 26 (30, 34, 38, 42) petits choux.

PINCES DU BUSTE

ROND 1 : (aug. pour pince du buste) 1ml, ne pas tourner, mc dans la 1re arche de 3ml, 3ml, (b, 3ml, 2b) dans la même arche de 3ml, *sauter 1 petit chou, b-V dans l'arche de 3ml suiv.* rép tout autour pendant 15 (18, 21, 24, 27) b-V (sans inclure la b-V du début), sauter 1 petit chou, (2b, 3ml, 2b, 3ml, 2b) dans l'arche de 3ml suiv. (1 aug. faite) *sauter 1 petit chou, b-V dans l'arche de 3ml suiv.* rép tout autour pendant 6 b-V, sauter 1 petit chou, (2b, 3ml, 2b, 3ml, 2b) dans l'arche de 3ml suiv. (1 aug. faite) *sauter 1 petit chou, b-V dans l'arche de 3ml suiv.* rép tout autour, mc jusqu'à la ml du début - 24 (28, 32, 36, 40) b-V + 2 aug.

Répéter les ronds 1-2 du motif 2 (3, 3, 4, 4) fois - 28 (32, 36, 40, 44) b-V.

FAÇONNAGE DE L'EMMANCHURE

Rép le rond 1 du motif une fois, mc jusqu'à la 1re ms (28, 32, 38, 40, 44) petits choux, *(mc, 1ml, mc) dans l'arche de 3ml suiv., 4ml, sauter 1 petit chou* rép deux fois, mc jusqu'à la ms suiv. Ne pas tourner; vous êtes maintenant au dos de l'ouvrage, avec l'endroit face à vous.

DOS

Nous allons maintenant trav. en rangs, et non en ronds pour créer le panneau arrière. Ce panneau est plus étroit que le panneau avant en raison des pinces du buste.

RANG 1 (END.) : 1ml, mc dans l'arche de 3ml suiv., 3ml, (b, 3ml, 2b) dans la même arche de 3ml, *sauter 1 petit chou, b-V dans l'arche de 3ml suiv.* rép tout le long pendant 10 (12, 14, 16, 18) b-V (sans inclure la b-V du début), tourner - 11 (13, 15, 17, 19) b-V au total.

Rép les rangs 1-2 du motif 3 (4, 4, 5, 5) fois. Rép le rang 1 une fois.

FAÇONNAGE DE L'ARRIÈRE DU COU

Côté droit

RANG 1 : 1ml, mc dans la 1re arche de 3ml, 3ml, (b, 3ml, 2b) dans la même arche de 3ml (compte comme une b-V), *sauter 1 petit chou, b-V dans l'arche de 3ml suiv.* rép tout le long pendant 3 b-V (sans inclure la b-V du début), b dans la b-V suiv., tourner - 4 b-V au total.

RANG 2 : 2ml, (ms, 3ml, ms) dans l'arche de 3ml de la 1re b-V, *petit chou, (ms, 3ml, ms) dans l'arche de 3ml suiv.* rép tout le long, tourner - 3 petits choux.

RANG 3 : 1ml, mc dans la 1re arche de 3ml, 3ml, (b, 3ml, 2b) dans la même arche de 3ml (compte comme une b-V), *sauter 1 petit chou, b-V dans l'arche de 3ml suiv.* rép tout le long pendant 2 b-V (sans inclure la b-V du début), b dans la b-V suiv., tourner - 3 m. b-V au total.

RANG 4 : 2ml, (ms, 3ml, ms) dans l'arche de 3ml de la 1re b-V, *petit chou, (ms, 3ml, ms) dans

l'arche de 3ml suiv.* rép tout le long, tourner - 2 petits choux. Arrêter en laissant un long brin.

Côté gauche

RANG 1 : sauter 2 (4, 6, 8, 10) petits choux depuis l'endroit de l'arrêt. Joindre le fil par 1mc à l'arche de 3ml suiv., 3ml, *sauter 1 petit chou, b-V dans l'arche de 3ml suiv.* rép tout le long, tourner - 4 b-V au total.

RANG 2 : rép le rang 1 du motif - 3 petits choux. Tourner.

RANG 3 : 1ml, (mc, 1ml, mc) dans la 1re arche de 3ml, 3ml, sauter 1 petit chou, b-V dans l'arche de 3ml suiv.* rép tout le long, tourner - 3 b-V au total.

RANG 4 : rép le rang 1 du motif - 2 petits choux. Arrêter et rentrer les fils.

DEVANT

Il va falloir sauter quelques petits choux pour créer une autre emmanchure et trav. le panneau avant. Ne pas oublier que le panneau avant est plus large que le dos.

Rang 1 : joindre le fil à la fin du rang 1 du dos (sur l'end.) par une mc dans la même arche de 3ml que la dernière b-V, 4ml, *(mc, 1ml, mc) dans l'arche de 3ml suiv., 4ml, sauter 1 petit chou* rép deux fois, mc jusqu'à la ms suiv., 1ml, ne pas tourner, 1ml, ne pas tourner, mc dans l'arche de 3ml suiv., 3ml, (b, 3ml, 2b) dans la même arche de 3ml, *sauter 1 petit chou, b-V dans l'arche de 3ml suiv.* rép tout le long pendant 11 (13, 15, 17, 19) b-V (sans inclure la b-V du début), sauter 1 petit chou, (2b, 3ml, b) dans l'arche de 3ml suiv., 3ml, mc dans la même arche de 3ml, trb dans l'arche de 3ml suiv. (termine l'emmanchure), 3ml, mc dans le haut de la b précédente, tourner - 13 (15, 17, 19, 21) b-V au total.

Rép les rangs 1-2 du motif 3 (4, 4, 5, 5) fois. Rép le rang 1 une fois.

FAÇONNAGE DU DEVANT DE L'ENCOLURE

Côté droit

RANG 1 : 1ml, mc dans la 1re arche de 3ml, 3ml, (b, 3ml, 2b) dans la même arche de 3ml (compte comme une b-V), *sauter 1 petit chou, b-V dans l'arche de 3ml suiv.* rép tout le long pendant 3 b-V (sans inclure la b-V du début), b dans la b-V suiv., tourner - 4 b-V au total.

RANG 2 : 2ml, (ms, 3ml, ms) dans l'arche de 3ml de la 1re b-V. *petit chou, (ms, 3ml, ms) dans l'arche de 3ml suiv.* rép tout le long. Tourner - 3 petits choux.

RANG 3 : 1ml, mc dans la 1re arche de 3ml, 3ml, (b, 3ml, 2b) dans la même arche de 3ml (compte comme une b-V), *sauter 1 petit chou, b-V dans l'arche de 3ml suiv.*, rép tout le long pendant 2 b-V (sans inclure la b-V du début), b dans la b-V suiv., tourner 3 b-V au total.

RANG 4 : 2ml, (ms, 3ml, ms) dans l'arche de 3ml de la 1re b-V, *petit chou, (ms, 3ml, ms) dans l'arche de 3ml suiv.*, rép tout le long - 2 petits choux. Arrêter en laissant un long fil.

Côté gauche

RANG 1 : sauter 4 (6, 8, 10, 12) petits choux à l'endroit de l'arrêt, joindre le fil par une mc dans l'arche de 3ml suiv., 3ml, *sauter 1 petit chou, b-V dans l'arche de 3ml suiv.* rép tout le long, tourner - 4 b-V au total.

RANG 2 : rép le rang 1 du motif - 3 petits choux.

RANG 3 : 1ml, (mc, 1ml, mc) dans la 1re arche de 3ml, 3ml, *sauter 1 petit chou, b-V dans l'arche de 3ml suiv.* rép tout le long, tourner - 3 b-V au total.

RANG 4 : rép le rang 1 du motif - 2 petits choux. Arrêter et rentrer les fils.

RELIER LES ÉPAULES

Endroit contre endroit, et avec un long fil au côté bras de la couture d'épaule, mc les épaules ensemble en laissant le dernier (ms, 3ml, ms) à l'encolure non cousue. La couture en mc renforcera l'épaule. Rentrer les fils.

COL

Trav. en spirale sans tourner.

Avec le panneau arrière droit sur l'endroit, joindre le fil par une mc à l'arche de 3ml non cousue, à la couture d'épaule.

ROND DE PRÉPARATION : 3ml, (b, 3ml, 2b) dans la même arche de 3ml (compte comme 1 b-V), *sauter la b suiv., b-V dans la b suiv., b-V dans l'arche de 1ml suiv.* rép deux fois en descendant le long du cou, *sauter 1 petit chou, b-V dans l'arche de 3ml suiv.*, rép tout le long de l'arrière du cou, *b-V dans la b suiv., sauter 1b, b-V dans l'arche de 3ml suiv.* deux fois, b-V dans l'arche de 3ml suiv., *sauter la b suiv., b-V dans la b suiv., b-V dans l'arche de 1ml suiv.* rép deux fois en descendant le long du cou, *sauter 1 petit chou, b-V dans l'arche de 3ml suiv.*, rép tout le long de l'arrière du cou, *b-V dans la b suiv., sauter 1b, b-V dans l'arche de 3ml suiv.* deux fois, mc jusqu'à la ml du début - 24 (28, 32, 36, 40) b-V au total.

ROND 1 : rép le rang 1 du motif, mc jusqu'à la 1re ms - 24 (28, 32, 36, 40) petits choux.

ROND 2 : rép le rang 2 du motif, mc jusqu'à la ml du début - 24 (28, 32, 36, 40) b-V.

Rép les ronds 1-2 une fois, rép le rond 1 une fois.

Augmentations du col

ROND D'AUG. 1 : 1ml, mc dans la 1re arche de 3ml, 3ml, (b, 3ml, 2b, 3ml, 2b) dans la même arche de 3ml (1 aug. faite), [*sauter 1 petit chou, b-V dans l'arche de 3ml suiv.*, rép pendant 4 (5, 6, 7, 8) b-V, sauter 1 petit chou, (2b, 3ml, 2b, 3ml, 2b) dans l'arche de 3ml suiv. (1 aug. faite)] rép deux fois, *sauter 1 petit chou, b-V dans l'arche de 3ml suiv.* rép pendant 6 (7, 8, 9, 10) b-V, sauter 1 petit chou, (2b, 3ml, 2b, 3ml, 2b) dans l'arche de 3ml suiv. (1 aug. faite), *sauter 1 petit chou, b-V dans l'arche de 3ml suiv.* rép tout autour, mc jusqu'à la ml du début à la ml du début - 20 (24, 28, 32, 36) b-V + 4 aug.

Trav. égal, rép les ronds 1-2 du motif une fois, rép le rond 1 une fois - 28 (32, 36, 40, 44) petits choux.

ROND D'AUG. 2 : rép le rond d'aug. 1 ci-dessus avec 5 (6, 7, 8, 9) b-V entre les aug. du dos et 7 (8, 9, 10, 11) b-V entre les aug. du devant du col - 24 (28, 32, 36, 40) b-V + 4 aug.

Trav. égal, rép les ronds 1-2 du motif trois fois - 32 (36, 40, 44, 48) petits choux.

Bordure du col

ROND 1 : 2ml, ne pas tourner, mc dans la 1re arche de 3ml de la b-V, 1ml, ms dans la même arche de 3ml, *4ml, ms dans l'arche de 3ml suiv.* rép tout autour, mc jusqu'à la 1re ms.

ROND 2 : 2ml, *demi-b dans la ms, 4demi-b dans l'arche de 4ml* rép tout autour, mc jusqu'à la 1re demi-b.

RONDS 3-4 : 2ml, demi-b dans chaque demi-b tout autour.

Arrêter et rentrer les fils.

MANCHES

Les manches sont travaillées en rond sans tourner.

ROND DE PRÉPARATION : sur l'endroit, joindre le fil à l'arche de 1ml au dessous de bras, 3ml, b-V dans la même arche, b-V dans l'arche de 1ml suiv., 5 (6, 6, 7, 7) b-V également réparties en remontant le panneau arrière du bras, 5 (6, 6, 7, 7) b-V également réparties en descendant le panneau avant du bras, mc jusqu'à la ml du début.

ROND 1 : rép le rang 1 du motif, mc jusqu'à la 1re ms - 12 (14, 14, 16, 16) petits choux.

ROND 2 : rép le rang 2 du motif, mc jusqu'à la ml du début - 12 (14, 14, 16, 16) b-V.

Rép les ronds 12 du motif 1 (1, 1, 2, 2) fois.

Diminutions des manches

ROND DE DIM. 1 : 1ml, (ms, 3ml, ms) dans l'arche de 3ml de la 1re b-V, sauter 1 petit chou, (ms, 3ml, ms) dans l'arche de 3ml de la b-V suiv., *petit chou, (ms, 3ml, ms) dans l'arche de 3ml suiv.* rép tout autour, mc jusqu'à la 1re ms - 11 (13, 13, 15, 15) petits choux.

ROND DE DIM. 2 : 1ml, mc dans la 1re arche de 3ml, 3ml, b dans la même arche de 3ml, 3ml, 2b dans l'arche de 3ml suiv. (1 dim. faite), sauter 1 petit chou, b-V dans l'arche de 3ml suiv.* rép tout autour, mc jusqu'à la ml du début.

*Trav. les ronds 1-2 du motif deux fois, puis les ronds de dim. 1-2 une fois**. Rép de * à ** trois fois. Trav. les ronds 1-2 du motif une autre fois.

Bordure de manche

ROND 1 : 2ml, mc dans la 1re arche de 3ml de la b-V, 1ml, ms dans la même arche de 3ml, * 4ml, ms dans l'arche de 3ml suiv.* rép tout autour, mc jusqu'à la 1re ms.

ROND 2 : 2ml, *demi-b dans la ms, 4demi-b dans l'arche de 4ml* rép tout autour, mc jusqu'à la 1re demi-b.

RONDS 3-4 : 2ml, demi-b dans chaque demi-b tout autour. Arrêter et rentrer les fils.

FINITIONS

Rentrer les fils. Ne pas bloquer.

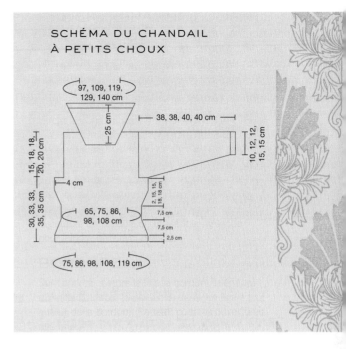

SCHÉMA DU CHANDAIL
À PETITS CHOUX

97, 109, 119, 129, 140 cm

38, 38, 40, 40 cm

25 cm

10, 12, 12, 15, 15 cm

15, 18, 18, 20, 20 cm

4 cm

2, 15, 15, 18, 18 cm

30, 33, 33, 35, 35 cm

65, 75, 86, 98, 108 cm

7,5 cm

7,5 cm

2,5 cm

75, 86, 98, 108, 119 cm

CARDIGAN
d'automne

amy swenson

TAILLES

PM (GTG, 2X3X)

DIMENSIONS FINALES

TOUR DE POITRINE : 94 (114, 134) cm

FIL

Cascade Dolce (55 % alpaga, 23 % laine,
22 % soie; 99 m/50 g): 12 (14, 17) écheveaux.
Coloris 941

SUBSTITUTION : approx. 1 199 (1 399, 1 699) m
de fil peigné. Rechercher un fil qui tricote
10 cm sur 20 m.

CROCHET

4,5 mm ou la taille nécessaire pour obtenir
l'échantillon correct

FOURNITURE

Aiguille à laine

ÉCHANTILLON

16 b = 10 cm

Bien que les vêtements raffinés et près du corps tiennent une grande place dans ma garde-robe, je me sens totalement sublime dans des chandails enveloppants très grands. Ce modèle en dentelle à grande échelle a des manches souples et ouvertes qui permettent de se pelotonner avec style. Encore mieux, cet immense cardigan est hyper simple à réaliser. Il suffit d'apprendre le motif de 4 rangs, et le reste est un jeu d'enfant !

conseils

Le dos est crocheté en premier, puis après les pièces du devant qui sont ensuite reliées au dos à un angle de 90 degrés, ce qui donne un air festonné à chaque bordure. Les manches sont travaillées et cousues en dernier.

Le cardigan est conçu pour être porté long et lâche. Pour le plus beau des looks, donnez-lui une aisance de 20 cm !

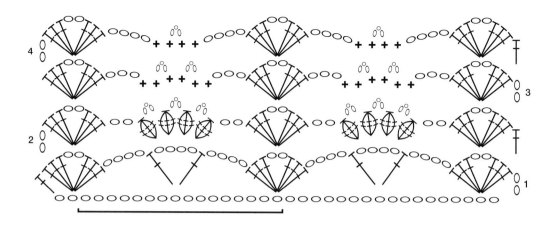

POINTS SPÉCIAUX

2ML-B-V : (3b, 2ml, 3b) dans la même m.

4ML-B-V : (b, 4ml, b) dans la même m.

GR-DB (GROUPE EN DOUBLE BRIDE) : faire 1 jeté deux fois et piquer le crochet dans la m. suiv., ramener une boucle, (1 jeté, tirer le fil à travers les 2 boucles) deux fois, 1 jeté, tirer le fil à travers la boucle (il reste 2 boucles) 1 jeté deux fois, repiquer le crochet dans la même m., ramener une boucle, (1 jeté, tirer le fil à travers les 2 boucles) 3 fois (il reste 2 boucles), 1 jeté deux fois, repiquer le crochet dans la même m., ramener une boucle, (1 jeté, tirer le fil à travers les 2 boucles) 3 fois – 1 groupe fait.

MOTIF DE FRAISE

Travaillé sur un multiple de 16 m. + 3.

RANG 1 : une fois la chaînette de base faite, 2ml. Sauter 1ml. *2ml-b-V dans la ml suiv., 4ml, sauter 7ml, 4ml-b-V dans la ml suiv., 4ml, sauter 7ml*. Rép de * à * tout le long, en term. par 2ml-b-V dans l'avant-dernière ml, b dans la dernière ml. Tourner.

RANG 2 : *2ml, 2ml-b-V dans l'arche de 2ml suiv., 2ml, sauter 4ml, (dans la ml suiv., gr-db, 3ml) 4 fois*. Rép de * à * tout le long, en term. par 2ml-b-V dans la dernière arche de 2ml, puis b dans la ch pour tourner. Tourner.

RANG 3 : 2ml. *2ml-b-V dans l'arche de 2ml suiv., 3ml, sauter 2ml, (2ms dans l'arche de 3ml suiv., 3ml) 3 fois*. Rép de * à * en term. par 2ml-b-V dans la dernière arche de 2ml, puis b dans la ch pour tourner une autre fois. Tourner.

RANG 4 : 2ml. *2ml-b-V dans l'arche de 2ml suiv., 4ml, sauter 3ml, 2ms dans l'arche de 3ml suiv., 3ml, ms dans les 2ms suiv. dans l'arche de 3ml suiv., 4ml*. Rép de * à * tout le long, en term. par 2ml-b-V dans la dernière arche de 2ml, b dans la ch pour tourner. Tourner.

RANG 5 : 2ml. *Dans l'arche de 2ml suiv., 2ml-b-V, 4ml, dans l'arche de 3ml suiv., 4ml-b-V, 4ml*. Rép de * à * tout le long, en term. par 2ml-b-V dans la

dernière arche de 2ml, b dans la ch pour tourner. Tourner.

Rép les rangs 2-5 du patron.

DOS

Chaînette de base de 67 (83, 99) ml.

Trav. les rangs 1-5 du motif de fraise, puis rép 8 fois les rangs 2-5, puis trav. le rang 2. Arrêter.

DEVANT (2)

Les devants sont travaillés des lisières aux bordures d'ouverture.

Chaînette de base de 99 ml pour toutes les tailles.

Trav. les rangs 1-5, puis 4 (5, 6) fois les rangs 2-5, puis le rang 2. Arrêter.

MANCHE (2)

Les manches sont travaillées de l'épaule au poignet.

Chaînette de base de 67 ml pour toutes les tailles.

Trav. les rangs 1-5, puis 5 fois les rangs 2-5 (ajouter une répétition pour une manche plus longue). Finir par un rang 2. Arrêter.

FINITIONS

Bloquer mouillé tous les morceaux à la taille désirée. Le dos devrait mesurer 47 (57, 67) cm de large sur 63 cm de long après le blocage. La manche devrait avoir 47 cm de large et la longueur désirée. Les devants devraient mesurer 63 cm de large.

Le dos aura un rang de base en bas et un rang final en haut. Les devants auront des chaînettes de base aux lisières et un rang final aux ouvertures. Coudre les épaules en laissant une ouverture de 21 cm au milieu du dos pour le cou.

Placer le centre du bord en chaînette de la manche à la couture de l'épaule. Coudre le long du devant et du dos.

Coudre les dessous de bras et les lisières.

Rentrer les fils.

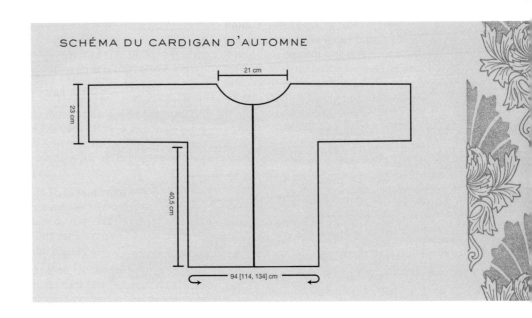

SCHÉMA DU CARDIGAN D'AUTOMNE

21 cm

23 cm

40,5 cm

94 [114, 134] cm

CARDIGAN
à triples picots

amy swenson

TAILLES

P (M, G, TG)

DIMENSIONS FINALES

Tour de poitrine : 23 (102, 112, 122) cm

FIL

Cascade Indulgence (70 % alpaga, 30 % angora; 112 m/50 g): 7 (8, 9, 11) écheveaux. Coloris 528

SUBSTITUTION : approx. 800 (909, 1 019, 1 249) m de fil peigné. Rechercher un fil qui tricote 10 cm sur 20 m.

CROCHET

3,25 mm ou la taille nécessaire pour obtenir l'échantillon correct

FOURNITURE

Aiguille à laine

ÉCHANTILLON

Échantillon dans le motif:

Chaînette de base de 25ml. Trav. les rangs 1-3 du motif en dentelle à picots, puis les rangs 2-3 trois autres fois. Après un léger blocage, l'échantillon devrait mesurer 12 cm de large sur 10 cm de haut.

Avec son toucher ultradoux et son look infiniment féminin, ce petit cardigan ne peut manquer de flatter les silhouettes les plus jeunes. Ce design entièrement en dentelle est crocheté en fil Cascade Indulgence, un mélange luxueux d'alpaga et d'angora. Il est travaillé de haut en bas et s'attache avec un joli cordon. Les augmentations le long de l'encolure décorent très joliment le devant.

conseil

Ce vêtement est travaillé en trois morceaux, des épaules vers le bas.

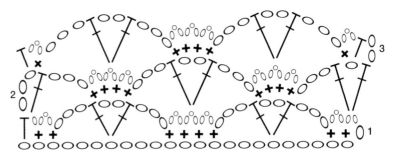

POINTS SPÉCIAUX

B-V : (b, 2ml, b) tous dans la m. indiquée.

TRIPLE PICOT (FAIT DANS L'ARCHE EN CH DE LA B-V DU RANG AU-DESSOUS) : (ms dans la ml suiv., 3ml) quatre fois.

MOTIF EN DENTELLE À PICOTS

Travaillé sur un multiple de 11 m. + 4.

RANG 1 : ms dans la 4e ml depuis le crochet, 3ml, ms dans la ml suiv., 3ml, sauter 3ml, b-V dans la ml suiv., *3ml, sauter 3ml, triple picot, sauter 3ml, b-V dans la ml suiv.**; rép de * à ** tout le long jusqu'à ce qu'il reste 6ml ch, 3ml, sauter 3ml, ms dans la ml suiv., 3ml, ms dans la ml suiv., 1ml, demi-b. Tourner.

RANG 2 : 3ml, b dans la demi-b, *3ml, triple picot dans l'arche de 2ml suiv., b-V dans la 2e des 3 arches de 3ml suiv.**. Rép de * à ** jusqu'à la fin avec 3ml, (ms, 3ml) quatre fois dans la dernière arche de 2ml, sauter 3ml, ms, 3ml, ms. Dans l'arche de ch finale, (b, 1ml, b). Tourner.

RANG 3 : 2ml. (Demi-b, 3ml, ms) dans l'arche de 1ml, 3ml, *b-V dans la 2e des 3 arches de 3ml suiv., 3ml, triple picot dans l'arche de 2ml suiv.** Rép de * à ** jusqu'au dernier triple picot du rang en dessous, finir par une b-V dans la 2e des arches de 3ml suiv., 3ml, (ms, 3ml, demi-b) dans l'arche de ch pour tourner. Tourner.

Rép les rangs 2 et 3 pour le motif.

DOS ET MANCHES

Travaillés de haut en bas.

Chaînette de base de 234 (245, 256, 267) ml. Placer un mq après les 81 premières ml d'un côté et les 81ml de l'autre côté pour marquer les lisières. S'assurer de déplacer les mq d'un rang tout en trav.

Trav. dans le motif les rangs 1-3 une fois, puis rép les rangs 2-3 six autres fois, puis trav. le rang 2.

RANG FINAL DE LA MANCHE

1ml, ms dans la 1re arche de ch, *5ml, ms dans le 2e des 3 picots suiv., 5ml, ms dans l'arche de 2ml suiv., ms**. Rép de * à ** 6 autres fois (au mq de lisière). Les manches sont maintenant mises de côté.

Cont. à trav. le dos.

2ml, dans la même arche de ch, cont. comme pour un rang 3 jusqu'au mq suiv., en term. au mq comme pour la fin du rang 3.

Cont. pour la seconde manche: *5ml, ms dans le 2e des 3 picots suiv., 5ml, ms dans l'arche de 2ml suiv., ms**. Rép de * à ** jusqu'à la fin du rang, en term. par une ms dans la ch pour tourner. Arrêter le fil. Tourner.

FINITION DU DOS

Rattacher le fil au mq au côté du corps par une mc et, commençant par un rang 2 du motif, trav. dans le motif jusqu'à ce que le corps mesure 35,5 cm depuis le dessous de bras, en term. par un rang 2 du motif.

BORDURE DU DOS

1ml, ms dans la 1re arche de ch, *5ml, ms dans le 2e des 3 picots suiv., 5ml, ms dans l'arche de 2ml suiv., ms**. Rép de * à ** jusqu'à la fin du rang. Arrêter le fil.

MANCHE DROITE ET DEVANT DROIT

Sur l'env., attacher le fil par 1mc au rang de base de la manche au poignet. Trav. au dos de la chaînette de base. Commençant par le rang 1 du motif, 3ml, ms dans la ml suiv., et cont. tout le long du rang tel qu'indiqué jusqu'à avoir travaillé les premières 77 ml du motif, placer un mq, puis trav. les 22ml suiv., en term. comme pour la fin du rang 1. Tourner. Déplacer le mq à chaque rang pour indiquer le début du devant droit.

Cont. à trav. les rangs 2 et 3 jusqu'à ce que le devant de la manche ait la même hauteur que le dos, en term. par le rang 2 du motif.

Rang final, manche droite

1ml, ms dans la 1re arche de ch, *5ml, ms dans le 2e des 3 picots suiv., 5ml, ms dans l'arche de 2ml suiv., ms**. Rép de * à ** jusqu'à la lisière, cont. tout le long du devant comme pour le rang 3.

COMMENCER LES AUGMENTATIONS DE L'ENCOLURE

MOTIF D'AUGMENTATION

RANG 1 : 4ml, b dans la demi-b, cont. comme pour le rang 2 du motif. Tourner.

RANG 2 : comme pour le rang 3 jusqu'à la dernière b, (ms, 3ml, ms, 3ml, demi-b) dans les 4ml de la fin du rang précédent. Tourner.

RANG 3 : 5ml, b dans la 1re arche de 3ml, cont. comme pour le rang 2 du motif. Tourner.

RANG 4 : comme pour le rang 3 jusqu'à la dernière arche de 5ml, (ms, 3ml) 3 fois dans l'arche de 5ml, demi-b dans l'arche de 5ml. Tourner.

RANG 5 : 4ml, b-V dans le 2e des 3 picots suiv., cont. comme pour le rang 2. Tourner.

RANG 6 : comme pour le rang 3 jusqu'à la dernière b-V, (ms, 3ml) 4 fois dans l'arche de 2ml, b dans l'arche de 4ml. Tourner.

RANG 7 : 4ml, b dans la 1re b, 3ml, sauter 1b-V dans le 3e des 3 picots suiv., cont. comme pour le rang 2. Tourner.

RANG 8 : comme pour le rang 3 jusqu'au dernier (b, arche de 4ml), dans l'arche de 4ml, trav. (b, 1ml, b). Tourner.

RANG 9 : (3ml, ms, 3ml, ms) dans la 1re arche de 1ml, cont. comme pour le rang 2. Tourner.

RANG 10 : comme pour le rang 3, finir par 1b-V dans le dernier picot. Tourner.

RANG 11 : 4ml, (ms, 3ml, ms, 3ml, ms) dans la 1re arche de 2ml, cont. comme pour le rang 2. Tourner.

RANG 12 : comme pour le rang 3 jusqu'au dernier picot, dans l'avant-dernier picot, trav. 1b-V, 1ml, trav. en b dans l'arche de 4ml finale. Tourner.

RANG 13 : 5ml, dans l'arche de 2ml suiv., trav. (ms, 3ml) 4 fois, cont. comme pour le rang 2. Tourner.

RANG 14 : comme pour le rang 3 jusqu'à la dernière arche de 5ml, trav. (3ml, ms, 3ml, demi-b) dans l'arche de 5ch pour tourner. Tourner.

Pour le côté droit seulement

Trav. les rangs d'aug. 1-14 deux fois, puis les rangs 1-3, puis ajouter un rang de finition comme pour le dos. Arrêter le fil.

MANCHE GAUCHE ET DEVANT GAUCHE

Sauter les 6 premières arches de ch de l'épaule droite et attacher le fil au milieu du groupe de picots suiv. par 1mc.

Commençant par le rang 1 du motif en dentelle à picots, cont. avec le devant de la manche jusqu'à ce qu'elle ait la même longueur que l'arrière.

Au rang suiv., cont. dans le motif jusqu'à atteindre le dessous de bras arrière, puis ajouter la finition comme pour la manche droite. Casser le fil.

Rattacher le fil à la lisière du devant juste sous le dernier rang au dessous de bras, le reliant à la 1re b par 1mc.

Trav. les rangs 10-14 du motif d'aug., puis les rangs 1-14, puis les rangs 1-12. Ajouter le rang de finition. Couper et arrêter le fil.

FINITIONS

Bloquer légèrement à la vapeur. Coudre les lisières et les dessous de bras. Rentrer les fils.

CORDONS

Attacher le fil par 1mc au bon endroit de l'ouverture du devant. Chaînette de 30ml, tourner, puis 1 ml dans chaque ml. Rép pour le côté opposé.

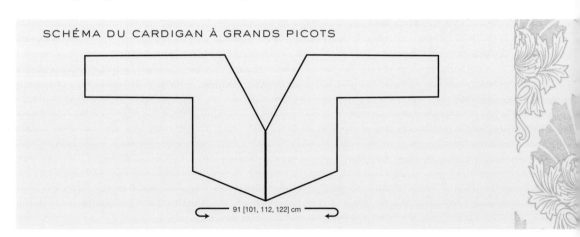

SCHÉMA DU CARDIGAN À GRANDS PICOTS

91 [101, 112, 122] cm

CORSAGE
de charme

debora oese-lloyd

TAILLES

XP (P, M, G)

DIMENSIONS FINALES

Tour de poitrine : 76 (85, 96, 106) cm

FIL

Alchemy Bamboo (100 % bambou; 137 m/50 g):
8 (9, 9, 10) écheveaux. Pierre de lune (92w)

SUBSTITUTION : approx. 999 (1 142, 1 188,
1 343) m de fil DK-weight. Rechercher un fil
qui tricote 10 cm sur 2 224 m.

CROCHET

2,75 mm ou la taille nécessaire pour obtenir
l'échantillon correct

FOURNITURES

Aiguille à laine

Trois boutons de 160 mm

2 m de ruban en satin blanc de 2,5 cm
(facultatif)

ÉCHANTILLON

Point de fagot (corsage): 11 groupes et 20 rangs
pour 10 cm

Point d'éventail (corps): 4 éventails et 5 rangs
d'éventails pour 10 cm, non bloqué; 3 éventails
et 4 rangs d'éventails pour 10 cm, bloqué.

Ce haut badin est travaillé avec un magnifique fil de bambou qui scintille entre les doigts lorsqu'on crochète, tandis que les différents tons de bleu de ce fil teint à la main ondulent tels des rayons de lune ou des vaguelettes sur un lac. Le contraste créé par densité du haut et la dentelle transparente du bas lui donne un petit air « polisson ». À porter seul ou sur une camisole – quel que soit le choix, il conviendra parfaitement pour un dîner romantique au bord de l'eau.

conseils

Pour un bon ajustement, choisissez une taille légèrement inférieure à celle de votre tour de buste.

Le corsage au point de fagot est travaillé en rangs et en va-et-vient, en 3 morceaux séparés (devant droit, devant gauche et dos). Le haut du corsage est cousu avant de travailler le bas, en rond, au point d'éventail.

Debora Oese-Lloyd vit à Calgary avec son adorable mari, Patrick, qui s'occupe de la cuisine et des courses pour qu'elle ait plus de temps pour tricoter, crocheter et réfléchir sur les mystères de l'univers. Elle travaille actuellement sur l'affirmation « L'immobilité est une danse », à la fois dans son tricotage et dans sa vie.

POINT SPÉCIAL

GR (GROUPE POUR LE POINT DE FAGOT) :
(1ms, 1ml, 1b)

MOTIFS

Les instructions de points suivantes sont pour les échantillons.

Noter que l'échantillon au point d'éventail est travaillé en rangs et en va-et-vient. Les instructions pour le haut sont données en ronds parce que le bas est travaillé en rond et que les correspondances des rangs varient légèrement.

POINT DE FAGOT

Chaînette de base de 34ml.

RANG 1 : sauter 2ml (comptent comme 1ms) *trav. (1ms, 1ml, 1b) sans la ml suiv., sauter 2ml*; rép de * 11 fois, en term. par 1ms dans la ch pour tourner. Tourner.

RANG 2 : 1ml (compte comme 1ms), sauter la 1ʳᵉ ms et la b suiv., *trav. (1ms, 1ml, 1b) dans l'arche de 1ml suiv., sauter 1ms et 1b*; rép de * 10 fois, en term. par (1ms, 1ml, 1b) dans la dernière arche de 1ml, sauter la ms suiv., 1ms en haut de la ch pour tourner. Tourner.

Rép le rang 2.

POINT D'ÉVENTAIL

Chaînette de base de 37 ml.

RANG 1 : 1ms dans la 2ᵉ ml depuis le crochet, *1ml, sauter 4ml, dans la ml suiv. trav. un éventail de 1db (2ml, 1db) 4 fois, puis 1ml, sauter 4ml, 1ms dans la ml suiv.*; rép de * 3 fois jusqu'aux 5 dernières ml, 1ml, sauter 4ml, dans la dernière ml travaillée (1db, 2ml) deux fois et 1db. Tourner.

RANG 2 : 1ml, 1ms dans la 1ʳᵉ m., *3ml, sauter l'arche de 2ml suiv., 1b dans l'arche suiv.**, 2ml, sauter la db suiv., 1ms et 1db et trav. 1b dans l'arche de 2ml de l'éventail suiv., 3ml, trav. 1ms dans la db du milieu de l'éventail; rép de *, en term. la dernière rép à **, 1ml, 1db dans la dernière ms, sauter la ch pour tourner. Tourner.

RANG 3 : 7ml (comptent comme 1db et 2ml), sauter la 1ʳᵉ db, trav. (1db, 2ml, 1db) dans l'arche de 1ml suiv., 1ml, sauter l'arche de 3ml, 1ms dans la ms suiv., *1ml, sauter l'arche de 3ml suiv., trav. un éventail dans l'arche de 2ml suiv., 1ml, sauter l'arche de 3ml suiv., 1 ms dans la ms suiv., rép de * à la fin, sauter la ch pour tourner. Tourner.

RANG 4 : 6ml (comptent comme 1db et 1ml), sauter la 1ʳᵉ db, trav. 1b dans l'arche de 2ml suiv., 3ml, 1ms dans la db du milieu de l'éventail., *3ml, sauter l'arche de 2ml suiv., 1b, dans l'arche de 2ml suiv., 2ml, sauter la db suiv., ms, db, trav. 1b dans l'arche de 2ml suiv., 3ml, 1ms dans la db central de l'éventail*; rép de *, en term. la dernière rép dans la 3ᵉ ml des ch pour tourner. Tourner.

POINT D'ÉVENTAIL

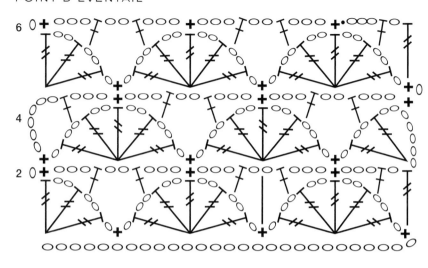

POINT DE FAGOT

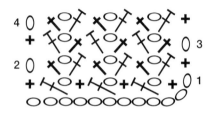

RANG 5 : 1ml, *1 ms dans la ms, 1ml, sauter l'arche de 3ml suiv., éventail dans l'arche de 2ml suiv., 1ml, sauter l'arche de 3ml suiv.*; rép de * à la dernière ms, 1ms dans la ms, 1ml, sauter l'arche de 3ml suiv., trav. (1db, 2ml) deux fois et db tous dans le haut de la ch pour tourner. Tourner.

Rép les rangs 25.

DOS

Chaînette de base de 114 (129, 147, 162) ml.

RANG 1 : sauter 2ml (comptent comme 1ms) *trav. 1gr dans la ml suiv., sauter 2ml; rép de * 37 (42, 48, 53) fois, en term. par 1ms dans la ch pour tourner. Tourner.

RANG 2 : 1ml (compte comme 1ms), sauter la 1ʳᵉ ms et la b suiv., *trav. 1gr dans l'arche de 1ml suiv., sauter 1ms et 1b; rép de * 36 (41, 47, 52) fois, en term. par 1gr dans la dernière arche de 1ml. Sauter la ms suiv., 1ms dans la ch pour tourner. Tourner.

RANGS 3-8 : rép le rang 2 encore 6 (6, 6, 8) fois. Sur le dernier rang, 3ml avant de tourner.

RANG 9 (9, 9, 11) : sauter 2ml, trav. 1gr dans la ml suiv., *trav. 1gr dans l'arche de 1ml suiv., sauter 1ms et 1b*; rép de * 37 (42, 48, 53) fois, ms dans la ch pour tourner, 3ml avant de tourner.

RANG 10 (10, 10, 12) : sauter 2ml, trav. 1gr dans la ml suiv., *trav. 1gr dans l'arche de 1ml suiv., sauter 1ms et 1b; rép de * 37 (43, 48, 53) fois en term. par 1gr dans la dernière arche de 1ml, sauter la ms suiv., 1ms dans la ch pour tourner, tourner - total de 39 (44, 50, 55) groupes.

Rép 4 autres fois les instructions pour le rang 2, en incorporant les deux nouveaux groupes sur le dernier rang à 3ml avant de tourner.

RANG 15 (15, 15, 17) : sauter les 2 premières ml et trav. 1gr dans la ml suiv., *trav. 1gr dans l'arche de 1ml suiv., sauter 1ms et 1b*; rép de * 39 (44, 50, 55) fois, 1ms dans la dernière ch pour tourner, 3ml avant de tourner.

RANG 16 (16, 16, 18) : sauter 2ml, trav. 1gr dans la ml suiv., *trav. 1gr dans l'arche de 1ml suiv., sauter 1ms et 1b*; rép de * 40 (45, 51, 56) fois, 1ms dans la dernière ch pour tourner - total de 41 (46, 52, 57) groupes.

Incorporant les deux nouveaux groupes, rép le rang 2 encore 12 fois pour toutes les tailles.

FAÇONNAGE DE L'EMMANCHURE

RANG 29 (29, 29, 31) : *1ml, 6 (6, 9, 9) mc tout le long des 2 (2, 3, 3) premiers groupes, 1ml, ms dans l'arche de 1ml suiv., puis trav. 1gr dans chaque arche de 1ml restante, 1ml, ms dans la ch pour tourner, tourner* total de 38 (43, 48, 53) groupes.

RANG 30 (30, 30, 32) : rép le rang précédent entre * et * - 3 (3, 4, 4) autres groupes diminués pour un total de 35 (40, 44, 49) groupes.

RANG 31 (31, 31, 33) : 1ml, ms dans la 1re arche de 1ml, trav. 33 (38, 42, 47) groupes dans les arches de 1ml suiv., 1ml, ms dans la dernière arche de 1ml, tourner 33 (38, 42, 47) groupes.

RANG 32 (32, 32, 34) : trav. comme pour le rang 2 avec 1gr dans chaque arche de 1ml.

TAILLES XP, P ET G SEULEMENT

RANG 33 (33, 33, 35) : dim. 1gr de chaque côté tel que décrit dans le rang 31.

TAILLE M SEULEMENT

Trav. comme pour le rang 2 avec 1gr dans chaque arche de 1ml - 31 (36, 42, 45) groupes.

TOUTES LES TAILLES

RANG 34 (34, 34, 36) : dim. 1gr de chaque côté tel que décrit dans le rang 31 (pour les tailles P et M) et dans le rang 33 (pour la taille G).

TAILLE XP SEULEMENT

Pas de diminutions, trav. tel qu'établi - 31 (36, 40, 43) groupes.

TOUTES LES TAILLES

Cont. à trav. sans façonner du côté de l'emmanchure seulement jusqu'au rang 44 (43, 42, 45). En même temps, suivre le travail de diminutions pour l'encolure. Les changements pour les diminutions d'encolure sont inclus dans les sections suivantes. Suivre les instructions spécifiques à votre taille seulement.

TAILLE XP SEULEMENT

BRETELLE ARRIÈRE DROITE

RANG 36 : 1ml, 11gr dans les 11 premières arches de 1ml, 1ms dans la 12e arche de 1ml, tourner, laissant la bretelle arrière gauche non travaillée jusqu'à ce que le côté droit soit terminé.

RANG 37 : 1ml, sauter la 1re ms, 11gr dans l'arche de 1ml, ms dans la ch pour tourner. Tourner.

RANG 38 : 1ml, 10gr, ms dans l'arche de 1ml suiv. Tourner.

RANG 39 : 1ml, 1ms dans la 1re arche de 1ml, 9gr. Ms dans la ch pour tourner. Tourner.

RANG 40 : 1ml, 9gr, 1 ms dans la ms suiv. Tourner.

RANG 41 : 1ml, ms dans la 1re arche de 1ml, 8gr, ms dans la ch pour tourner. Tourner.

RANGS 42-43 : 1ml, 8gr, ms dans la ch pour tourner. Tourner.

RANG 44 : 1ml, ms dans la 1re arche de 1ml, 7gr, ms dans la ch pour tourner. Tourner.

RANGS 45-53 : 1ml, 7gr, ms dans la ch pour tourner. Tourner.

RANG 54 : 1ml, ms dans la 1re arche de 1ml, 6gr, ms dans la ch pour tourner. Tourner.

RANGS 55-58 : 1ml, 6gr, ms dans la ch pour tourner. Tourner.

RANG 59 : 1ml, 3cl, ms dans l'arche de 1ml suiv., 6mc jusqu'à la fin. Arrêter le fil.

BRETELLE ARRIÈRE GAUCHE

Attacher le fil au 20e gr depuis le bord du côté droit. 1ml (compte comme 1ms), 11gr, ms dans la ch pour tourner.

Cont. comme pour la bretelle arrière droite en inversant le façonnage.

TAILLE P SEULEMENT

BRETELLE ARRIÈRE DROITE

RANG 36 : 1ml, 13gr, ms dans l'arche de 1ml suiv. Tourner. Laisser la bretelle arrière gauche non travaillée jusqu'à ce que le côté droit soit complété.

RANG 37 : 1ml, ms dans la 1re arche de 1ml, 12gr, ms dans la ch pour tourner. Tourner.

RANG 38 : 1ml, 12gr, ms dans la ch pour tourner. Tourner.

RANG 39 : 1ml, ms dans la 1re arche de 1ml, 11gr, ms dans la ch pour tourner. Tourner.

RANG 40 : 1ml, 11gr, ms dans la ch pour tourner. Tourner.

RANG 41 : 1ml, ms dans la 1re arche de 1ml, 10gr, ms dans la ch pour tourner. Tourner.

RANGS 42-43 : 1ml, 10gr, ms dans la ch pour tourner. Tourner.

RANG 44 : 1ml, ms dans la 1re arche de 1ml, 9gr, ms dans la ch pour tourner. Tourner.

RANG 45 : 1ml, sauter la 1re ms, 8gr dans les arches de 1ml, ms dans la ch pour tourner. Tourner.

RANGS 46-54 : 1ml, 8gr, ms dans la ch pour tourner. Tourner.

RANG 55 : 1ml, 7gr, ms dans la dernière arche de 1ml. Tourner.

RANG 56 : 1ml, sauter la 1re ms, 7gr, ms dans la ch pour tourner. Tourner.

RANGS 57-60 : 1ml, 7gr, ms dans la ch pour tourner. Tourner.

RANG 61 : 1ml, 4gr, ms dans la 5e arche de 1ml, 9mc tout le long des 3 derniers gr. Arrêter le fil.

Bretelle arrière gauche

Attacher le fil au 23e gr depuis le bord du côté droit, 1ml (compte comme 1 ms), trav. 13gr, ms dans la ch pour tourner. Cont. comme pour l'arrière droit, en inversant le façonnage pour l'encolure et les bordures d'emmanchure.

Taille M seulement

Dos droit

RANG 38 : 1ml, trav. 14gr, ms dans le 15e gr depuis le bord droit, tourner, trav. seulement la bretelle arrière droite. Rattacher le fil au côté gauche quand l'arrière droit est complété.

RANGS 39-40 : 1ml, 14gr, ms dans la ch pour tourner. Tourner.

RANG 41 : 1ml, ms dans la 1re arche de 1ml, trav. 13gr, ms dans la ch pour tourner. Tourner.

RANG 42 : 1ml, 13gr, ms dans la ch pour tourner. Tourner.

RANG 43 : 1ml, ms dans la 1re arche de 1ml, trav. 12gr, ms dans la ch pour tourner. Tourner.

RANG 44 : 1ml, ms dans la 1re arche de 1ml, 11gr, ms dans la dernière ms. Tourner.

RANGS 45-46 : 1ml, 11gr, ms dans la dernière ms. Tourner.

RANG 47 : 1ml, ms dans la 1re arche de 1ml, trav. 10gr, ms dans la ch pour tourner. Tourner.

RANG 48 : 1ml, ms dans la 1re arche de 1ml, 9gr, ms dans la ch pour tourner.

RANGS 49-55 : 1ml, 9gr, ms dans la ch pour tourner. Tourner.

RANG 56 : 1ml, 8gr, ms dans la dernière arche de 1ml. Tourner.

RANGS 57-63 : 1ml, 8gr, ms dans la ch pour tourner. Tourner.

RANG 64 : 1ml, 9mc sur les 3 premiers gr, ms dans la 4e arche de 1ml, 4gr. Arrêter le fil.

Attacher le fil au 26e gr depuis le bord du côté droit, 1ml (compte comme 1ms), trav. 14gr, ms dans la ch pour tourner. Cont. comme pour le dos droit, en inversant le façonnage pour l'encolure et les bordures d'emmanchure.

Taille G seulement

Dos droit

RANG 42 : 1ml, 15gr, ms dans l'arche de 1ml suiv. (16e gr du côté droit), tourner, trav. seulement la bretelle arrière droite. Rattacher le fil au côté gauche quand le dos droit est complété.

RANG 43 : 1ml, ms dans la 1re arche de 1ml, 14gr, ms dans la ch pour tourner. Tourner.

RANG 44 : 1ml, ms dans la 1re arche de 1ml, 13gr, ms dans la dernière ms. Tourner.

RANG 45 : 1ml, ms dans la 1re arche de 1ml, 12gr, ms dans la dernière ms. Tourner.

RANGS 46-47 : 1ml, 12gr, ms dans la dernière ms. Tourner.

RANG 48 : 1ml, 11gr, ms dans la dernière arche de 1ml. Tourner.

RANGS 49-50 : 1ml, 11gr, ms dans la dernière ms. Tourner.

RANG 51 : 1ml, ms dans la 1re arche de 1ml, 10gr, ms dans la ch pour tourner. Tourner.

RANGS 52-58 : 1ml, 10gr, ms dans la ch pour tourner. Tourner.

RANG 59 : 1ml, 9gr, ms dans l'arche de 1ml. Tourner.

RANGS 60-66 : 1ml, 9gr, ms dans la ch pour tourner. Tourner.

RANG 67 : 1ml, 5gr, ms dans l'arche de 1ml suiv., 9mc sur les 3gr restants. Arrêter le fil.

Attacher le fil au 28e gr depuis le bord du côté droit, 1ml (compte comme 1ms), trav. 15gr, ms dans la ch pour tourner. Cont. comme pour le dos droit, en inversant le façonnage pour l'encolure et les bordures d'emmanchure.

Devant droit

Toutes les tailles

Chaînette de base de 60 (69, 78, 87) ml.

RANG 1 : sauter 2ml (comptent comme 1 ms), *trav. (1ms, 1ml, 1b) dans la ml suiv., sauter 2ml*; rép de * 19 (22, 25, 28) fois, en term. par 1ms dans la dernière ml. Tourner.

RANG 2 : 1ml, sauter la 1re ms et la b suiv., trav. dans chaque arche de 1ml, 1 ms dans la ch pour tourner. Tourner.

Rép le rang 2 encore 6 (6, 6, 8) fois - 19 (22, 25, 28) gr le long de chaque rang. 3ml à la fin du dernier rang.

RANG 9 (9, 9, 11) : sauter 2ml, trav. 1gr dans la ml suiv., trav. 1gr dans chaque arche de 1ml, ms dans la ch pour tourner, 3ml. Tourner. C'est une aug. d'un gr sur le côté droit.

RANG 10 (10, 10, 12)-14 (14, 14, 16) : 1ml, 20 (23, 26, 29) gr, ms dans la ch pour tourner. Trav. 3ml à la fin du dernier rang. Tourner.

RANG 15 (15, 15, 17) : rép le rang 9 (9, 9, 11), tourner, une aug. d'un gr sur le côté droit - 21 (24, 27, 30) gr.

RANG 16 (16, 16, 18)-28 (28, 28, 30) : 1ml, 21 (24, 27, 30) gr, ms dans la ch pour tourner. Tourner.

COMMENCER LE FAÇONNAGE DES EM-MANCHURES

RANG 29 (29, 29, 31) : 1ml, 6 (6, 9, 9) mc le long de 2 (2, 3, 3) gr, 1ml, ms dans l'arche de 1ml suiv., puis 18 (21, 23, 26) gr dans les arches de 1ml restantes tout le long du rang, ms dans la ch pour tourner. Tourner.

RANG 30 (30, 30, 32) : 1ml, 18 (21, 23, 26) gr, ms dans la ch pour tourner. Tourner.

Tailles XP, P, M seulement

La taille G commence aux instructions séparées ci-dessous.

RANG 31 (31, 31) : 1ml, ms dans la 1re arche de 1ml, 17 (20, 22) gr, ms dans la ch pour tourner. Tourner.

RANG 32 : 1ml, 17 (20, 22) gr, ms dans la ch pour tourner. Tourner.

Les tailles XP, P et M commencent aux instructions séparées ci-dessous.

DEVANT DROIT (SUITE)

Taille XP seulement

RANG 33 : 1ml, ms dans la 1re arche de 1ml, 13gr, ms dans l'arche de 1ml suiv., laisser les 2gr restants non travaillés. Tourner.

RANG 34 : 1ml, sauter la 1re ms, ms dans la 1re arche de 1ml, 12gr, ms dans la ch pour tourner. Tourner.

RANG 35 : 1ml, 11gr, ms dans la dernière arche de 1ml. Tourner.

RANG 36 : 1ml, sauter la 1re ms, ms dans la 1re arche de 1ml, 10gr, ms dans la ch pour tourner. Tourner.

RANG 37 : 1ml, 10gr, ms dans la ch pour tourner. Tourner.

RANG 38 : 1ml, ms dans la 1re arche de 1ml, 9gr, ms dans la ch pour tourner. Tourner.

RANG 39 : 1ml, 9gr, ms dans la ch pour tourner. Tourner.

RANG 40 : 1ml, ms dans la 1re arche de 1ml, 8gr, ms dans la ch pour tourner. Tourner.

RANGS 41-43 : 1ml, 8gr, ms dans la ch pour tourner. Tourner.

RANG 44 : 1ml, 7gr, ms dans la dernière arche de 1ml. Tourner.

RANGS 45-53 : 1ml, 7gr, ms dans la ch pour tourner. Tourner.

RANG 54 : 1ml, 6gr, ms dans la dernière arche de 1ml. Tourner.

RANGS 55-58 : 1ml, 6gr, ms dans la ch pour tourner. Tourner.

RANG 59 : 1ml, 6mc le long des 2 premiers gr, ms dans l'arche de 1ml suiv., 3gr. Arrêter le fil.

DEVANT GAUCHE DU CORSAGE

Compléter comme pour le devant droit du corsage, en inversant le façonnage d'emmanchure et d'encolure.

DEVANT DROIT (SUITE)

Taille P seulement

RANG 33 : 1ml, ms dans la 1re arche de 1ml, 16gr, ms dans l'arche de 1ml suiv., laissant 2gr non travaillés. Tourner.

RANG 34 : 1ml, sauter la 1re ms, ms dans la 1re arche de 1ml, 15gr, ms dans la ch pour tourner. Tourner.

RANG 35 : 1ml, 14gr, ms dans la dernière arche de 1ml. Tourner.

RANG 36 : 1ml, sauter la 1re ms, ms dans la 1re arche de 1ml, 13gr, ms dans la ch pour tourner. Tourner.

RANG 37 : 1ml, 12gr, ms dans la dernière arche de 1ml. Tourner.

RANG 38 : 1ml, sauter la 1re ms, 12gr, ms dans la ch pour tourner. Tourner.

RANG 39 : 1ml, 11gr, ms dans la dernière arche de 1ml. Tourner.

RANG 40 : 1ml, 11gr, ms dans la ch pour tourner. Tourner.

RANG 41 : 1ml, 10gr, ms dans la dernière arche de 1ml. Tourner.

RANG 42 : 1ml, sauter la 1re ms, 10gr, ms dans la ch pour tourner. Tourner.

RANG 43 : 1ml, ms dans la 1ʳᵉ arche de 1ml, 9gr, ms dans la ch pour tourner. Tourner.

RANG 44 : 1ml, 9gr, ms dans la ch pour tourner. Tourner.

RANG 45 : 1ml, ms dans la 1ʳᵉ arche de 1ml, 8gr, ms dans la ch pour tourner. Tourner.

RANGS 46-54 : 1ml, 8gr, ms dans la ch pour tourner. Tourner.

RANG 55 : 1ml, ms dans la 1ʳᵉ arche de 1ml, 7gr, ms dans la ch pour tourner.

RANGS 56-60 : 1ml, 7gr, ms dans la ch pour tourner. Tourner.

RANG 61 : 6mc sur les 2 premiers gr, ms dans l'arche de 1ml suiv., 4gr. Arrêter le fil.

Devant gauche du corsage

Compléter comme pour le devant droit du corsage, en inversant le façonnage d'emmanchure et d'encolure.

DEVANT DROIT DU CORSAGE (SUITE)

Taille M seulement

RANG 33 : 1ml, 22gr, ms dans la ch pour tourner. Tourner.

RANG 34 : 1ml, 21gr, ms dans la dernière arche de 1ml. Tourner.

RANG 35 : 1ml, 17gr, ms dans l'arche de 1ml suiv., tourner en laissant 3gr non travaillés.

RANG 36 : 1ml, sauter la 1ʳᵉ ms, 17gr, ms dans la ch pour tourner. Tourner.

RANG 37 : 1ml, 15gr, ms dans l'arche de 1ml suiv. Tourner.

RANG 38 : 1ml, sauter la 1ʳᵉ ms, 15gr, ms dans la ch pour tourner. Tourner.

RANG 39 : 1ml, 14gr, ms dans la dernière arche de 1ml. Tourner.

RANG 40 : 1ml, sauter la 1ʳᵉ ms, 13gr, ms dans la ch pour tourner. Tourner.

RANG 41 : 1ml, 12gr, ms dans la dernière arche de 1ml. Tourner.

RANG 42 : 1ml, sauter la 1ʳᵉ ms, 12gr, ms dans la ch pour tourner. Tourner.

RANG 43 : 1ml, ms dans la 1ʳᵉ arche de 1ml, 10gr, ms dans la dernière arche de 1ml. Tourner.

RANGS 44-47 : 1ml, 10gr, ms dans la ch pour tourner. Tourner.

RANG 48 : 1ml, 9gr, ms dans la dernière arche de 1ml. Tourner.

RANGS 49-55 : 1ml, 9gr, ms dans la ch pour tourner. Tourner.

RANG 56 : 1ml, 8gr, ms dans la dernière arche de 1ml. Tourner.

RANGS 57-63 : 1ml, 8gr, ms dans la ch pour tourner. Tourner.

RANG 63 : 1ml, 4gr, ms dans l'arche de 1ml suiv., 9mc le long des 3gr restants. Arrêter le fil.

Devant gauche du corsage

Compléter comme pour le devant droit du corsage, en inversant le façonnage d'emmanchure et d'encolure.

DEVANT DROIT DU CORSAGE (SUITE)

Taille G seulement

RANG 33 : 1ml, 26gr, ms dans la ch pour tourner. Tourner.

RANG 34 : 1ml, 25gr, ms dans la dernière arche de 1ml. Tourner.

RANG 35 : 1ml, 25gr, ms dans la ch pour tourner. Tourner.

RANG 36 : 1ml, 24gr, ms dans la dernière arche de 1ml. Tourner.

RANG 37 : 1ml, ms dans la 1ʳᵉ arche de 1ml, 23gr, ms dans la ch pour tourner. Tourner.

RANGS 38-39 : 1ml, 23gr, ms dans la ch pour tourner. Tourner.

RANG 40 (DÉBUT DE L'ENCOLURE) : 9mc le long des 3 premiers gr, ms dans l'arche de 1ml suiv., 19gr en laissant 3gr non travaillés, ms dans la ch pour tourner. Tourner.

RANG 41 : 1ml, 16gr, ms dans l'arche de 1ml suiv., laissant 2gr non travaillés. Tourner.

RANG 42 : 1ml, sauter la 1ʳᵉ ms, ms dans la 1ʳᵉ arche de 1ml, 15gr, ms dans la ch pour tourner. Tourner.

RANG 43 : 1ml, 14gr, ms dans la dernière arche de 1ml. Tourner.

RANG 44 : 1ml, sauter la 1ʳᵉ ms, ms dans la 1ʳᵉ arche de 1ml, 13gr, ms dans la ch pour tourner. Tourner.

RANG 45 : 1ml, ms dans la 1ʳᵉ arche de 1ml, 11gr, ms dans la dernière arche de 1ml. Tourner.

RANG 46 : 1ml, sauter la 1ʳᵉ ms, ms dans la 1ʳᵉ arche de 1ml, 10gr, ms dans la dernière ms. Tourner.

RANGS 47-59 : 1ml, 10gr, ms dans la ch pour tourner. Tourner.

RANG 60 : 1ml, 9gr, ms dans la dernière arche de 1ml. Tourner.

RANG 61 : 1ml, sauter la 1ʳᵉ ms, 9gr, ms dans la ch pour tourner. Tourner.

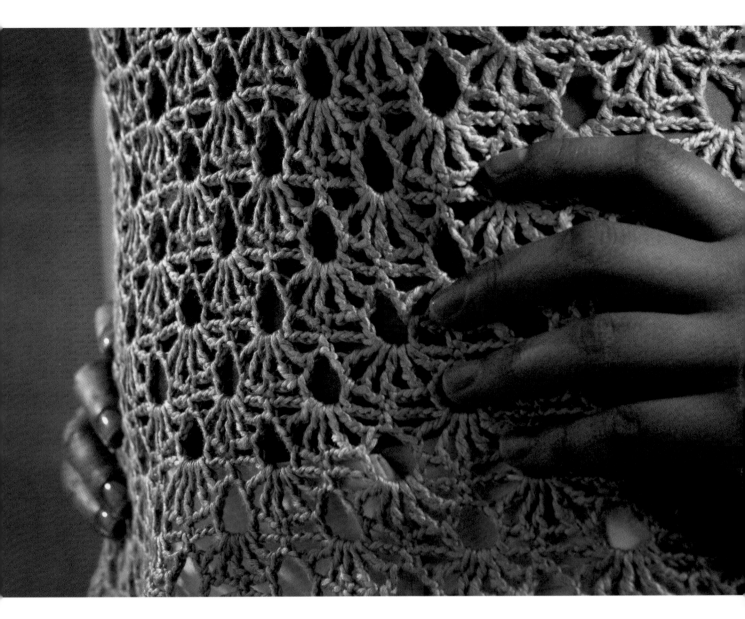

RANGS 62-67 : 1ml, 9gr, ms dans la ch pour tourner. Tourner.

RANG 68 : 1ml, 5gr, ms dans l'arche de 1ml suiv., 9mc sur les 3 derniers gr. Arrêter le fil.

Devant gauche du corsage

Compléter comme pour le devant droit du corsage, en inversant le façonnage d'emmanchure et d'encolure.

PRÉPARER LE CORSAGE POUR TRAVAILLER LE BAS EN ROND

TOUTES LES TAILLES

Bloquer à la vapeur les trois morceaux du corsage, en utilisant le schéma comme guide pour la taille. Utiliser une pattemouille et un fer à vapeur à chaleur moyenne.

Bordure centrale du devant du corsage et boutonnières

DEVANT GAUCHE : attacher le fil au coin inférieur et trav. 38 (40, 42, 46) ms le long de la bordure centrale du devant gauche. Arrêter le fil.

BORDURE DU DEVANT DROIT (BOUTONNIÈRES) : attacher le fil au coin supérieur de l'encolure. Trav. 3ms, 4ml, 10 (11, 12, 14) ms, 4ml, 10 (11, 12, 14) ms, 4ml, 3ms le long de la bordure centrale du devant. Tourner.

Trav. 38 (40, 42, 46) ms dans les ms et les ml du rang précédent. Arrêter le fil.

Lisières et coutures d'épaule, toutes les tailles

Assembler les lisières et les coutures d'épaule par des coutures de 6 mm. Faire chevaucher le devant droit du corsage sur 1,25 cm du devant gauche et coudre au bord inférieur.

BAS DU CORSAGE

Toutes les tailles

Sur l'end., attacher le fil à la lisière droite. Trav. 80 (85, 90, 100) ms le long de la bordure inférieure du devant du corsage et 80 (85, 90, 100) ms le long de la bordure inférieure du dos.

Commencer le point d'éventail en rond

Noter que le point de rencontre entre les ronds est différente des instructions en va-et-vient de l'échantillon.

ROND 1 : 1ml (compte comme 1 ms) *1ml, sauter 4ms, dans la ms suiv. trav. un éventail de 1db (2ml, 1db) 4 fois, puis 1ml, sauter 4ms, 1ms dans la ms suiv., rép de * 17 (18, 19, 21) fois, mc dans la ml du début. Ne pas tourner.

ROND 2 : mc le long du 1er éventail jusqu'à arriver à la 1re arche de 2ml entre la 1re et la 2e db.

6ml (comptent comme 1b et 3ml), ms dans le haut de la db du milieu, 3ml, sauter l'arche de 2ml suiv., b dans l'arche de 2ml suiv., *2ml, trav. 1b dans la 1re arche de 2ml de l'éventail suiv., 3ml, ms dans la db du milieu, 3ml, sauter l'arche de 2ml suiv. et b dans l'arche de 2ml suiv. de l'éventail, rép de * à la fin du rond, 2ml et mc dans la 3e ml des 6ml de départ au début du rond. Tourner.

ROND 3 : trav. maintenant 2mc jusqu'à être dans l'arche de 2ml juste travaillée à la fin du rond précédent. Tourner l'ouvrage de nouveau, on doit maintenant être sur l'end., 7ml (comptent comme 1db et 2ml), trav. 1db (2ml, 1db) 3 fois dans la même arche de 2ml où se trouvent les 7ml, 1ml, *ms dans la ms sur la db du milieu du rang d'éventail précédent, 1ml, trav. en db (2ml, db) 4 fois dans l'arche de 2ml suiv., 1ml, rép de * à la fin du rond. Mc dans la 5e ml des 7ml de départ, au début du rond 2 - 17 (18, 19, 21) éventails travaillés.

Noter que la fin du rond réintégrera un éventail tous les deux rangs en raison de ce crochetage à reculons.

Rép les ronds 23 encore 4 (5, 5, 6) fois.

ROND 12 (14, 14, 16) : dans ce rond d'aug., trav. 2 éventails de chaque côté, là où 1 seul éventail est normalement travaillé. C'est le rang de préparation pour trav. les éventails supplémentaires du rang suivant.

Mc jusqu'à l'arche de 2ml entre la 1re et la 2e db, 6ml, ms dans la db du milieu, 3ml, sauter l'arche de 2ml suiv., b dans l'arche de 2ml suiv., *2ml, trav. 1b dans la 1re arche de 2ml de l'éventail suiv., 3ml, ms dans la db du milieu, 3ml, sauter l'arche de 2ml suiv. b dans l'arche de 2ml suiv. de l'éventail, rép de * jusqu'à la vallée entre les 2 éventails qui

s'alignent le plus avec des lisières, puis suivre les instructions entre les **. Ici, on travaille 2 arches de 2ml au lieu des motifs établis d'une arche de 2ml. Dans l'éventail à la droite de la lisière, trav. la b habituelle dans l'arche de 2ml entre la 1re et la 2e db, 3ml, ms au-dessus de la db du milieu, 3ml, sauter l'arche de 2ml suiv., b dans l'arche de 2ml suiv. Maintenant trav. 2ml et, au lieu de passer à l'éventail suiv., trav. 1b dans la ms entre les éventails, 2ml et cont. avec l'éventail suiv. tel qu'établi dans le motif** et rép depuis entre ** à l'autre lisière. Compléter le rond dans le motif établi. (Voir illustration.)

ROND 13 (15, 15, 17) : trav. le rond 3 en incorporant les 2 éventails supplémentaires - 19 (20, 21, 23) éventails.

Rép les ronds 2 et 3 une autre fois.

ROND 16 (18, 18, 20) : c'est un autre rang d'aug. Cette fois il faut trav. 2 éventails de chaque côté de l'éventail qui s'aligne avec les lisières. Il y aura 4 autres éventails travaillés sur le rond suivant, deux de chaque côté.

Faire un rond 2 et rép les instructions entre le ** du rond 12 (14, 14, 16) dans les vallées juste avant et juste après l'éventail de lisière.

ROND 17 (19, 19, 21) : rép le rond 3, en trav. 2 éventails dans la vallée de chaque côté de l'éventail de lisière - 23 (24, 25, 27) éventails.

Rép les ronds 2 et 3 une autre fois.

ROND 20 (22, 22, 24) : ce rang est similaire au rond 2 mais c'est un rang de préparation pour faire des éventails plus larges (6db au lieu de 5db) au prochain rang. Trav. simplement 3ml entre la b au lieu des 2ml établies.

Mc jusqu'à la 1re arche de 2ml, 7ml (au lieu de 6), ms dans les ms sur la db du milieu, 3ml, sauter l'arche de 2ml suiv., b dans l'arche de 2ml suiv., 3ml, *b dans la 1re arche de 2ml de l'éventail suiv., 3ml, ms sur la db du milieu, 3ml, sauter l'arche de 2ml suiv., b dans l'arche de 2ml suiv., 3ml, rép de * à la fin du rond.

ROND 21 (23, 23, 25) : tourner l'ouvrage et mc jusqu'à la dernière arche de 3ml du rond précédent, tourner l'ouvrage de nouveau, 7ml (comptent comme 1db et 2ml), db (2ml, 1db) 4 fois, 1ml, ms sur la db du milieu du rond d'éventail précédent, 1ml, *db (2ml, db) 5 fois, 1ml, ms sur la db du milieu du rond d'éventail précédent, 1ml, rép de * à la fin du rond.

ROND 22 (24, 24, 26) : bordure en ms. Mc dans la 5e ml des 7ml de départ, 1ml, 1ms dans chaque db et 2ms dans chaque arche de 2ml, sauter l'arche de 1ml, ms dans les ms entre les éventails, trav. tout autour du rond et mc dans la 1re ml. Arrêter le fil.

FINITIONS

Trav. un rang de ms le long des emmanchures et de l'encolure. Puis trav. les bordures suivantes:

ENCOLURE

RANG 1 : attacher le fil au coin avant droit du corsage, 1ml, trav. 40 (44, 48, 52) ms le long de l'encolure du devant droit, 80 (84, 92, 100) ms le long de l'encolure arrière et 40 (44, 48, 52) ms le long de l'encolure du devant gauche. Tourner.

RANG 2 (BORDURE FESTONNÉE) : 1ml, sauter la 1ʳᵉ ms, 3b dans la ms suiv., sauter la ms suiv., ms dans la ms suiv., sauter la ms suiv., 3b dans la ms suiv., sauter la ms suiv., ms dans la ms suiv., rép de * tout le long de l'encolure. Arrêter le fil - 10 (11, 12, 13) festons sur la bordure avant droite et gauche, 20 (21, 23, 25) festons le long de l'encolure arrière.

EMMANCHURES

ROND 1 : attacher le fil à la lisière du dessous de bras, 1ml, trav. 92 (96, 100, 108) ms autour du bord, mc dans la 1ʳᵉ ml - 23 (24, 25, 27) festons.

ROND 2 : 1ml, *sauter 1ms, 3b dans la ms suiv., sauter 1ms, ms dans la ms suiv., rép autour de l'emmanchure, mc dans la 1ʳᵉ ml. Arrêter le fil.

Utiliser une aiguille à tapisserie pour rentrer les fils.

Bloquer à la vapeur à fer moyen et en utilisant une pattemouille. Utiliser le schéma comme guide pour la mise en forme.

Coudre les boutons sur le devant gauche du corsage en face des boucles à boutons.

Boucles passe-rubans (facultatif)

Attacher le fil aux lisières et au milieu du devant. Trav. une boucle de 8ml, l'attacher à 2,5 cm de la couture inférieure du corsage.

SCHÉMA DU CORSAGE DE CHARME

16,5 [18,18,19] cm

76 [86, 96, 106] cm

91 [96, 101, 109] cm

CHAPITRE DEUX

DÉNUEMENT AUDACIEUX

montrer un brin de peau sous des hauts étonnants

DOS-NU
rouge vif

amy swenson

Un décolleté en V plongeant est universellement flatteur, et celui-ci n'y fait pas exception. Avec son ruban noir « coquin », ce haut bain-de-soleil exsude la féminité. Travaillé dans une soie luxueuse et dans les points les plus simples, le tissu créé est structuré tout en étant sensuel. À porter avec une jupe droite ou un pantalon chic, seul ou sous une veste ou une étole. Peu importe votre choix, vous ferez tourner bien des têtes !

TAILLES

XP (P, M, G, TG, 2X)

DIMENSIONS FINALES

TOUR DE POITRINE :
76 (86, 96, 101, 112, 122) cm

FIL

Alchemy Silk Purse (100 % soie; 149 m/50 g): 4 (4, 5, 5, 6) écheveaux. Pavot.

SUBSTITUTION : approx. 480 (544, 608, 704, 768) m de fil DK-weight. Rechercher le fil qui tricote 10 cm sur 22-24 m.

CROCHET

2,25 mm ou la taille nécessaire pour obtenir l'échantillon correct

FOURNITURES

Aiguille à laine

1,80 m de ruban gros-grain noir large de 2,5 cm

ÉCHANTILLON

20 m = 10 cm

conseils

Ce modèle est conçu pour les bonnets A-C. Pour une taille plus large, travaillez plus de mailles au début du façonnage du triangle, afin de créer un croisement de 2,5-7,5 cm au milieu du devant. Diminuez tel qu'indiqué. Cela agrandira les triangles, et le chevauchement aura un meilleur soutien.

BANDE DU RUBAN

Cette bande est travaillée de côté à côté et doit mesurer 5 cm de large.

Chaînette de base de 11ml.

RANG 1 : ms dans la 2ᵉ puis dans chaque ml tout le long; 10ms. Tourner.

RANGS 2-10 : 1ml, ms dans la 1ʳᵉ m. et dans chaque m. tout le long; 10ms. Tourner.

RANG 11 : 3ml, b dans la 1ʳᵉ ms, 6ml, sauter 6ms, b dans les deux dernières ms. Tourner.

RANG 12 : 1ml, ms dans les 2 premières b, 6ms dans l'arche de 6ml, ms dans la dernière b et la ch pour tourner; 10ms.

Trav. les rangs 1-12 un total de 12 (14, 16, 18, 20, 22) fois. Arrêter le fil.

Coudre le bord chaînette au dernier rang pour joindre la bande.

PREMIER BONNET

Placer la bande de façon que la couture soit au milieu du dos. Étaler la bande sur une surface plane, sur l'end. Avec un reste de fil ou des mq détachables, marquer 2 nouvelles mailles de « lisière ». Les mq doivent être aux pointes au côté centre de la bande.

Sur l'endroit et en commençant au mq du côté gauche, attacher le fil par 1mc. 1ml, 64 (74, 84, 94, 104, 114) ms également réparties le long du haut du devant de la bande du ruban. Tourner.

RANG 1 : 1ml, ms dans toutes les ms.

RANG 2 : diviser pour le façonnage du bonnet triangulaire comme suit: 1ml, ms sur les 32 (37, 42, 47, 52, 57) m. suiv. Tourner.

Début du façonnage du bonnet

RANG 1 : 1ml, ms dans la 2ᵉ ms et dans chaque ms tout le long, (1 m. dim.).

Rép le rang 1, dim. 1 m. au début de chaque rang jusqu'à ce qu'il reste 3ms.

BRETELLE

Trav. des rangs de ms sur 3 m. jusqu'à ce que la bretelle mesure 40,5 cm ou la longueur désirée.

Couper et arrêter le fil.

DEUXIÈME BONNET

Rattacher le fil par 1 mc au milieu avant de la camisole dans la même ms que pour le premier.

RANG 1 : 1ml, ms tout le long des 32 (37, 42, 47, 52, 57) m. du devant restantes.

Trav. le façonnage du bonnet et de la bretelle comme pour le premier bonnet.

CORPS

Attacher maintenant le fil au bas de la bande du ruban et crocheter la camisole du haut vers l'ourlet. Le corps est travaillé en spirale, donc on ne joindra pas les ronds.

Sur l'end. et en commençant à la lisière droite, attacher le fil par 1 mc.

1ml, trav. 64 (74, 84, 94, 104, 114) ms réparties également autour du bas du devant de la bande du ruban, puis 64 (74, 84, 94, 104, 114) ms réparties également autour du bas du dos de la bande du ruban, mc jusqu'à la ms initiale et commencer à trav. en ronds sur 128 (148, 168, 188, 208, 228) m.

Trav. égal les ronds de ms pendant 12,5 cm. Sur le rond suiv., aug. 1 m. de chaque côté de la lisière - 4 m. aug. Trav. 7 ronds égal. Aug. de cette façon tous les 8ᵉ ronds 3 autres fois - 144 (164, 184, 204, 224, 244) m. au total.

Cont. égal jusqu'à ce que le corps mesure 20 cm depuis le bas de la bande du ruban ou jusqu'à la longueur désirée.

72 [86, 96, 101, 112, 122] cm

BORDURE

3ml, sauter les 3 premières ms, *b dans la ms suiv., 3ml, 4b autour de la tige de la b précédente, sauter les 3ms suiv.**, rép de * à ** en term. par 3ml, sauter 3ms, mc dans le début du rond.

Arrêter le fil.

Avec 1 mc, rattacher le fil à la bordure centrale avant droite du bonnet. Trav. la bordure comme ci-dessus le long du bord interne de chaque bonnet.

Avec 1mc, rattacher le fil à la bordure externe du bonnet droit, juste sous la bretelle. Mc de façon égale en descendant le long du côté du bonnet, du dos du débardeur et en remontant le long de la bordure externe du bonnet gauche. Arrêter le fil.

FINITIONS

Rentrer les fils.

Passer le ruban dans les trous sur la bande en plaçant les extrémités à l'avant de l'ouvrage comme montré. Faire un nœud.

mini
BAIN-DE-SOLEIL

amy swenson

TAILLES

P-M (G-TG)

DIMENSIONS FINALES

LARGEUR : 13 cm

FIL

Handmaiden 4-ply Cashmere (100 % cachemire;
169 m/50 g): 1 (2) écheveau(x). Rose Garden

SUBSTITUTION : approx. 170 (250) m de fil
DK-weight. Rechercher le fil qui tricote 10 cm
sur 22-24 m. Pour des résultats similaires,
choisir un fil de cachemire pur ou mélangé.

CROCHET

3,5 mm ou la taille nécessaire pour obtenir
l'échantillon correct

FOURNITURES

Aiguille à laine

2,25 m de ruban de 159 mm ou crocheter
une chaînette pour nouer le haut.

ÉCHANTILLON

16 b = 10 cm

Le moment est venu de sortir ce bel écheveau de cachemire teint à la main que vous gardiez pour une occasion spéciale. Ce petit haut sexy est l'ouvrage que vous attendiez. Inspiré des bains-de-soleil mouchoirs, le grand carré est doté de six pinces de façon à montrer juste ce qu'il faut de peau. Ce bain-de-soleil nécessite un écheveau pour la taille la plus petite et un écheveau et demi pour la plus large. Vous voulez un haut très plage et vraiment pas cher, essayez un mélange de soie et de coton.

conseils

La taille de ce bain-de-soleil dépend de la taille du carré complété. Essayez-le de temps en temps en cours de réalisation. Une fois que vous avez la taille correcte, la largeur du carré couvrira votre poitrine au point le plus large.

Le morceau ne sera pas un carré parfait. Au lieu de cela, les côtés vont tirer vers l'intérieur, créant des pointes à chaque arche de 3ml. C'est ce qui assurera l'ajustement.

CARRÉ

Trav. en ronds joints sans tourner.

ROND 1 : 3ml. Ne pas joindre. Dans la 3ᵉ ml depuis le crochet, trav. 2b, puis (3ml, 3b dans les ml) 3 fois, 3ml, mc pour joindre aux 3ml initiales.

ROND 2 : 3ml (comptent comme 1b), trav. 1b dans chaque b, et (3b, 3ml, 3b) dans chaque coin de l'arche de 3ml. À la fin du rond, joindre aux 3ml initiales par 1mc.

Rép 12 (16) fois le rond 2 ou jusqu'à ce que la largeur du carré couvre le devant de votre buste.

Arrêter le fil.

FINITIONS

Faire les boucles de côté comme suit (une de chaque côté): attacher le fil au milieu de la lisière par 1 mc, 6ml, mc dans la m. de jointure. Arrêter le fil.

Rentrer les fils. Bloquer mouillé et laisser sécher.

Pour le porter, sur l'envers, passer le ruban dans l'arche de 3ml du coin supérieur droit, redescendre du côté droit dans la boucle du côté, croiser jusqu'au coin inférieur gauche (dans l'arche de 3ml), le long de la bordure inférieure jusqu'au coin inférieur droit (dans l'arche de 3ml), jusqu'à la boucle du côté gauche, en remontant le côté gauche jusqu'au coin supérieur, puis nouer derrière le cou. Les espaces entre les coins supérieurs et les boucles des côtés deviennent les emmanchures.

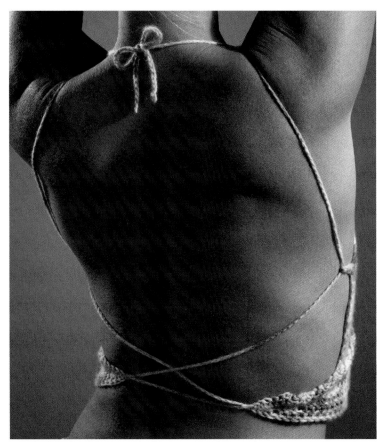

BUSTIER
vert sauge

amy swenson

Le luxe se décline aussi très bien en été ! Ce haut inspiré d'un corset sans bretelles utilise un mélange extraordinaire de Rowan Yarn Classics. Le « Cashcotton » combine la robustesse du coton à la douceur de l'angora et du cachemire et offre une sensation hors du commun porté à même la peau. Travaillé de la bordure du haut à l'ourlet, le corset présente un façonnage subtil pour une coupe de toute beauté. Le filet est travaillé après coup à la longueur désirée, puis finit par un bon ourlet.

conseils

Pour une coupe ajustée, choisissez un tour de poitrine de 2,5 à 7,5 cm plus petit que vos dimensions réelles. Attention, ce n'est pas la taille de votre soutien-gorge ! Prenez vos mesures en passant un mètre autour de la partie la plus large de votre buste et utilisez cela pour choisir la taille correcte.

TAILLES

XP (P, M, G, TG, 2X, 3X)

DIMENSIONS FINALES

TOUR DE POITRINE : 74 (79, 84, 89, 94, 99, 104) cm

FIL

RYC Cashcotton DK (35 % coton, 25 % nylon, 18 % angora, 13 % rayon, 9 % cachemire; 130 m/50 g): 3 (3, 3, 3, 3, 3, 4) écheveaux. Vert sauge

SUBSTITUTION : approx. 260 (280, 300, 320, 340, 350, 400) m de fil DK-weight. Rechercher le fil qui tricote 10 cm sur 22-24 m. Pour les meilleurs résultats, choisir un fil de coton ou de soie mélangé.

CROCHET

4,0 mm ou la taille nécessaire pour obtenir l'échantillon correct

FOURNITURES

Aiguille à laine

Anneaux marqueurs détachables

ÉCHANTILLON

16 demi-b = 10 cm

POINT SPÉCIAL

3DEMI-B ENS. (TROIS DEMI-B ENS.) :
(1 jeté, piquer le crochet dans la m. suiv. et
ramener une boucle) trois fois; 1 jeté et tirer 1 fil
à travers les 7 boucles - 2 mailles dim.

BUSTE

Tous les ronds sont joints par 1mc. Ne pas tourner à
la fin des ronds.

Chaînette de base de 100 (108, 116, 124, 132, 140,
148) ml, mc pour joindre.

ROND 1 : 2ml, demi-b de façon égale tout autour,
mc pour joindre.

AUGMENTATIONS DU BUSTE

ROND 2 : 2ml, trav. 15demi-b, dans la maille suiv.,
trav. 3demi-b, placer un mq au centre des 3demi-b,
cont. pendant 18 (20, 22, 24, 26, 28, 30) demi-b,
3demi-b, placer un mq au centre des 3demi-b
dans la maille suiv., cont. tout autour jusqu'à la
fin - 4 mailles aug.

ROND 3 : trav. égal, déplacer les mq vers le haut
pour garder l'endroit.

ROND 4 : 2ml, demi-b jusqu'au mq, trav. 3demi-b
dans la m. marquée, (déplacer le mq au centre
des 3demi-b) demi-b jusqu'au mq suiv., trav.
3demi-b dans la m. marquée, (déplacer le mq
au centre des 3demi-b), demi-b jusqu'à la fin
du rond - 4 mailles aug.

RONDS 5-6 : rép les ronds 34.

ROND 7 : rép le rond 3.

ROND 8 : 2ml, trav. 18demi-b, dans la maille suiv.,
trav. 3demi-b, déplacer le 1re mq à la m. du milieu
de l'aug., cont. pendant 24 (26, 28, 30, 32, 34, 36)
demi-b, dans la maille suiv., trav. 3demi-b, déplacer
le 2e mq à la m. aug., cont. jusqu'à la fin du rond -
4 mailles aug.; 116 (124, 132, 140, 148, 156, 164)
mailles au total.

Trav. 6 (6, 7, 7, 8, 9, 10) ronds égal, en déplaçant
les mq vers le haut à chaque rond pour garder l'emplacement.

DIMINUTIONS DU BUSTE

ROND 1 : trav. en demi-b jusqu'à la 1re m. avant
le mq, 3demi-b ens. sur les 3 m. suiv., placer un mq
dans le haut de la dim., demi-b jusqu'à 1 m. avant
le second mq, 3demi-b ens. sur les 3 m. suiv.,
placer un mq dans le haut de la dim.,
demi-b jusqu'à la fin du rond.

ROND 2 : trav. égal.

RONDS 3-6 : rép les ronds 1-2.

Arrêter le fil. Cette bordure forme la bordure du haut du corset.

CORSET

Trav. en spirale sans tourner ni joindre.

ROND 1 : avec 1 mc, rattacher le fil au bas de la chaînette de base. (4ml, sauter 2demi-b, ms dans la demi-b suiv.) jusqu'à la fin du rond, en plaçant une ms finale dans la m. à côté de la mc.

ROND 2 : (5ml, ms dans l'arche de ch), rép tout autour. À la fin du rond, ne pas joindre. Au lieu de cela, cont. en plaçant la m. suiv. dans l'arche de 5ml suiv.

Cont. jusqu'à ce que la partie filet mesure 25 (25, 28, 28, 30, 30, 33) cm depuis le bas du corset légèrement étiré.

Ouvrir le filet à ce point car la longueur non bloquée sera bien plus courte que la longueur finale une fois l'ourlet fini et le morceau bloqué.

OURLET

Trav. en ronds joints sans tourner.

ROND 1 : (3ml, ms dans l'arche de ch) tout autour. Mc pour joindre.

ROND 2 : 2ml, trav. 3demi-b dans chaque arche de ch tout autour. Mc pour joindre.

ROND 3 : 2ml, trav. 1demi-b dans chaque demi-b tout autour. Mc pour joindre.

Rép le dernier rond une autre fois. Mc pour joindre. Arrêter le fil.

FINITIONS

Coudre les morceaux et rentrer les fils.

Bloquer à la vapeur ou mouillé tel que désiré.

Bretelles spaghettis (facultatif)

Attacher le fil par 1 mc au haut du devant du corset à l'endroit désiré. 30ml. Tourner, revenir en mc dans chaque ml jusqu'à la fin. Couper le fil et coudre la bretelle en place. Rép pour l'autre côté. Une fois fini, nouer derrière le cou.

SCHÉMA DU CORSET VERT SAUGE

74 [79, 84, 89, 94, 99, 104] cm

HAUT
empire rétro

amy swenson

amy swenson

Ce haut en mélange angora s'inspire de la mode délicieusement romantique des années 1940, saupoudré d'une touche de modernisme. La taille est mise en valeur par une bande au point de riz, tandis que deux motifs différents de mailles serrées allongées rehaussent le haut et le bas du vêtement fini. L'encolure ovale est un clin d'œil de sensualité. Si vous n'osez pas le porter à même la peau, il sera splendide sur une camisole en soie.

TAILLES

XP (P, M, G, TG)

DIMENSIONS FINALES

TOUR DE POITRINE :
86 (94, 101, 109, 114) cm

FIL

Cascade Cloud 9 (50 % laine, 50 % angora; 100 m/50 g): 4 (5, 6, 6) écheveaux. Coloris 112

SUBSTITUTION : approx. 370 (400, 470, 500) m de fil peigné. Rechercher le fil qui tricote 10 cm sur 18-20 m. Pour un meilleur résultat, choisir un fil d'angora mélangé.

CROCHET

5,0 mm ou la taille nécessaire pour obtenir l'échantillon correct

FOURNITURES

Aiguille à laine

Anneaux marqueurs détachables

ÉCHANTILLON

Un carré de 10 cm = 14 m. et 6 rangs en motif de picots pointus

conseils

En raison de l'ovale du haut, vous obtiendrez le meilleur ajustement en choisissant une dimension finale de tour de poitrine d'environ 1,25 cm plus petite que celle de votre tour de buste actuel. Comme le motif est extensible, n'hésitez pas à choisir une taille plus petite. Le haut est travaillé en un seul morceau, de l'encolure vers le bas.

POINT SPÉCIAL

MS-AL. (MAILLE SERRÉE ALLONGÉE) : piquer le crochet dans la maille suiv. et ramener une boucle, 1 jeté et tirer le fil à travers la 1re boucle, 1 jeté et tirer le fil à travers les 2 boucles restantes.

MOTIF DE PICOTS POINTUS

Chaînette de base d'un nombre impair de m. plus 4.

RANG 1 : ms-al. dans la 5e ml depuis le crochet, *1ml, sauter 1ml, ms-al. dans la ml suiv.* jusqu'à la fin du rang.

RANG 2 : 3ml, sauter (1ms-al., 1ml), *ms-al. dans la ms-al. suiv., 1ml, sauter 1ml* jusqu'à la fin du rang, ms-al. dans la ch pour tourner. Rép le rang 2 du motif.

ENCOLURE

Chaînette de base de 75 (75, 85, 85, 85) ml, trav. le rang 1 du motif de picots pointus.

AUGMENTATIONS DU RAGLAN

Placer maintenant des mq détachables pour indiquer l'endroit des aug. du raglan.

POUR LES TAILLES XP ET P

Placer un mq dans les 7e, 11e, 26e et 30e arches de 1ml.

POUR LES TAILLES M, G ET TG

Placer un mq dans les 9e, 13e, 29e et 33e arches de 1ml.

RANG 1 : *trav. comme pour le rang 2 du motif jusqu'à la ms-al. avant le mq, (ms-al., 1ml, ms-al.) dans la même m., 1ml, déplacer le mq dans cette arche de 1ml, (ms-al., 1ml, ms-al.) dans la ms-al. après le mq**. Rép de * à ** tout autour 4 autres fois, finir le rang comme le rang 2 du motif - 4 séries d'aug. de raglan faites.

RANGS 2-3 : rép le rang 1.

Trav. égal sans augmenter 3 (4, 4, 4, 5) fois au total.

POUR LES TAILLES XP ET G SEULEMENT

Rép le rang 1.

TOUTES LES TAILLES

Trav. 2 (0, 2, 2, 2) autres rangs sans augmenter.

Partager maintenant le devant et le dos et trav. chaque partie séparément.

DEVANT DROIT

Trav. dans le motif jusqu'à la ms-al. avant l'arche de ch marquée. Ms-al. Tourner.

Trav. 3 autres rangs du motif sur juste ces 3 mailles. Arrêter le fil.

DOS

Sauter les mailles de la manche droite et attacher le fil par 1 mc à la ms-al. après le mq. Commencer par 3ml, trav. comme pour le rang 2 jusqu'à la ms-al. avant le mq suiv. Ms-al. dans cette m. Tourner.

Trav. 3 autres rangs de motif sur juste ces mailles. Arrêter le fil.

DEVANT GAUCHE

Sauter les mailles de la manche gauche et attacher le fil par 1 mc à la ms-al. après le mq. Commencer par 3ml, trav. comme pour le rang 2 jusqu'à la fin du rang. Trav. 3 autres rangs sur juste ces mailles. Arrêter le fil.

RELIER LES DESSOUS DE BRAS

RANG 1 : commençant à la bordure du devant droit, rattacher le fil par 1mc. Trav. dans le motif jusqu'au dessous de bras, 5 (5, 7, 7, 7) ml, cont. dans le motif le long du dos, 5 (5, 7, 7, 7) ml pour le dessous de bras gauche et cont. dans le motif sur le devant.

RANG 2 : au rang suiv., cont. dans le motif tel qu'établi, en trav. dans les ml du dessous de bras tel que nécessaire.

Trav. dans le motif 6 autres rangs. Arrêter le fil.

BANDE DE LA TAILLE EMPIRE

Sur l'end., attacher le fil à la lisière droite par 1mc dans la ms-al. (1ml, ms dans l'arche de 1ml) à la bordure avant, en plaçant la dernière ms dans la ch pour tourner du bord. 1ml, placer la ms suiv. dans la 1re arche de ch de la bordure avant opposée pour joindre et trav. en ronds. Ne pas faire de mc. Cont. en spirale sans tourner, en trav. le filet en ms (1ml, ms dans l'arche de 1ml) tout autour jusqu'à ce que la bande mesure 5 cm.

TAILLE

Trav. en spirale sans joindre ni tourner.

ROND 1 : 3ml, *sauter 1 arche de ch, dans l'arche de ch suiv. (ms-al., 2ml, ms-al.)**. Rép de * à ** tout autour, en term. par 1ms-al., 2ml dans la mc initiale. Cont. tout autour jusqu'à ce que le morceau mesure 33 (33, 35, 35, 38) cm depuis le dessous de bras ou la longueur désirée. Une fois le rond final terminé, joindre par une mc dans l'arche de 2ml finale.

FINITIONS

Coudre et rentrer les fils.

Assembler les ouvertures des bras et les coutures du devant en mc.

Coudre les encolures pour créer un ovale.

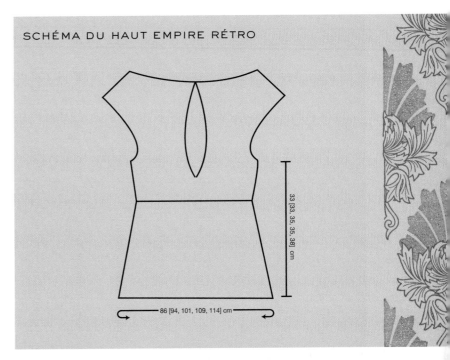

SCHÉMA DU HAUT EMPIRE RÉTRO

33 [33, 35, 35, 38] cm

86 [94, 101, 109, 114] cm

CAMISOLE
lie-de-vin

amy swenson

TAILLES

XP (P, M, G, TG, 2X, 3X)

DIMENSIONS FINALES

TOUR DE POITRINE :
84 (89, 94, 99, 104, 109, 114) cm

FIL

Curious Creek Oban (50 % laine, 50 % soie;
187 m/95 g): 2 (3, 3, 3, 3, 4, 4) écheveaux.
Lie-de-vin.

SUBSTITUTION : approx. 390 (409, 450, 500,
543, 620, 699) m de fil aran-weight. Rechercher
le fil qui tricote 10 cm sur 18-20 m.

CROCHET

4,0 mm ou la taille nécessaire pour obtenir
l'échantillon correct

FOURNITURE

Aiguille à laine

ÉCHANTILLON

1 carré français = 11,5 cm après blocage

Rien ne met plus en valeur le crochet qu'un motif élégant travaillé avec un fil spectaculaire. Ici, j'ai adapté un motif de carré français traditionnel en ajoutant un peu de texture à l'avant et à l'arrière de cette petite camisole. Le luxueux fil mélangé soie et laine de Curious Creek Oban dans les tons lie-de-vin et noir donne à ce haut une aura de mystère avec un brin de danger. Le devant de la camisole est légèrement façonné pour ajouter de l'élégance.

conseil

Pour une coupe ajustée, choisissez la taille la plus près de vos mesures de buste actuelles.

POINTS SPÉCIAUX

MS-AL. (MAILLE SERRÉE ALLONGÉE) : piquer le crochet dans la maille suiv. et ramener une boucle, 1 jeté et tirer le fil à travers la 1re boucle, 1 jeté et tirer le fil à travers les 2 boucles restantes.

3B ENS. (3 BRIDES ENSEMBLE) : (1 jeté, piquer le crochet dans la maille suiv. et ramener une boucle, 1 jeté et tirer le fil à travers les 2 boucles) 3 fois; 1 jeté et tirer le fil à travers les 4 boucles restantes 2 m. diminuées.

4B ENS. (4 BRIDES ENSEMBLE) : (1 jeté, piquer le crochet dans la maille suiv. et ramener une boucle, 1 jeté et tirer le fil à travers les 2 boucles) 4 fois; 1 jeté et tirer le fil à travers les 5 boucles restantes 3 m. diminuées.

CARRÉ FRANÇAIS (6)

Chaînette de base de 6 ml, joindre par 1mc pour former un anneau.

ROND 1 : 4ml, (b au milieu de l'anneau, 1ml) 11 fois, mc dans la 3e ml au début du rond pour joindre.

ROND 2 : mc dans la ml suiv., 2ml, 3b ens. dans la même ml, 2ml, 4b ens. dans l'arche de ch suiv., 3ml, *tr dans la b suiv., 3ml, (4b ens. dans l'arche de ch suiv., 2ml) deux fois, 4b ens. dans l'arche de ch suiv., 3ml**. Rép de * à ** deux autres fois, db dans la b suiv., 3ml, 4b ens. dans l'arche de ch suiv., 2ml, mc dans le haut des 3b ens. au début du rond pour joindre.

ROND 3 : 1ml, *ms dans le haut du gr central, 5ml, mc à la base de ces 5ml, 2ml, sauter (arche de 2ml, gr), trav. 5b dans l'arche de 3ml suiv., 1ml, db dans

la db, 1ml, 5b dans l'arche de 3ml suiv., 2ml, sauter (gr, arche de 2ml)**. Rép de * à ** trois autres fois, mc dans la 1re ms du rond. Arrêter le fil.

Bloquer mouillé jusqu'à ce que les carrés soient plats.

ASSEMBLER LES PANNEAUX

Coudre 2 bandes de 3 carrés chacune, en joignant aux picots de 3ml des coins et aux picots de 5ml du milieu de la lisière.

DEVANT DROIT

RANG DE PRÉPARATION : sur l'end., mc dans le coin supérieur droit d'un panneau. Trav. en descendant une longue bordure. 1ml, ms dans l'arche de ch, *3ml, ms dans la 3e b, 3ml, ms dans l'arche de ch, 3ml, ms dans la 3e b, 3ml, ms dans l'arche de ch, ms dans l'arche de ch du carré suiv.*. Rép de * à ** jusqu'à avoir travaillé un bord entier, en term. par 1ms dans l'arche de ch finale à l'extrémité de la bande 51 m. Tourner.

RANG 1 : 2ml, demi-b dans chaque ms et 3demi-b dans chaque arche de ch le long du rang. Tourner.

RANG 2 : 2ml, trav. 2demi-b dans la 1re m., demi-b dans chaque m. le long du rang - 1 m. aug. Tourner.

RANGS 3-10 : rép les rangs 12.

RANG 11 : trav. 1 rang égal.

RANG 12 : 2ml, 2demi-b ens., demi-b tout le long - 1 m. dim. Tourner.

RANG 13 : trav. égal.

Rép les rangs 12-13 un total de 4 fois.

Cont. égal jusqu'à ce que le côté mesure

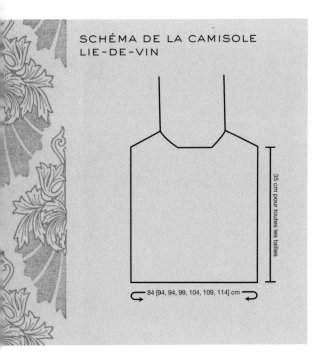

SCHÉMA DE LA CAMISOLE
LIE-DE-VIN

35 cm pour toutes les tailles

84 [94, 94, 99, 104, 109, 114] cm

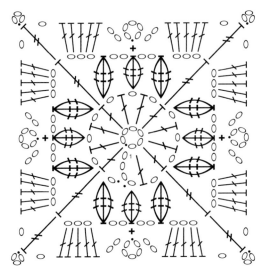

14 (15, 16, 18, 19, 20, 21, 23) cm depuis le bord des carrés. Arrêter le fil.

DEVANT GAUCHE

Sur l'env. et en commençant à l'autre coin du panneau avant, trav. comme pour le devant droit.

DOS DROIT

RANG 1 : avec le second panneau, trav. les deux premiers rangs comme pour le devant droit.

RANG 2 : 2ml, demi-b dans chaque demi-b tout le long. Rép le rang 2 jusqu'à ce que la mesure du côté soit égale à celle du devant.

Arrêter le fil.

DOS GAUCHE

RANGS 1-2 : sur la longue bordure opposée du second panneau, trav. les deux premiers rangs comme pour le devant gauche.

RANG 3 : 2ml, demi-b dans chaque demi-b tout le long. Rép le rang 3 jusqu'à ce que la mesure du côté soit égale à celle du devant.

Arrêter le fil.

FINITIONS

Coudre les bords et les lisières, et rentrer les fils.

BRETELLES SPAGHETTIS

Attacher le fil par 1mc à la pointe supérieure du devant, 50ml, mc jusqu'à l'endroit désiré au dos. Rép pour l'autre côté.

Comme les bretelles vont un peu s'étirer à l'usage, essayer le haut avant de déterminer la quantité de mailles de chaînette à faire.

CHAPITRE TROIS

UN CÔTÉ THÉÂTRAL

des jupes, des robes et des hauts parfaits
pour une soirée spéciale en ville (ou chez soi)

JUPE PORTEFEUILLE
à galets

amy swenson

Le fil de bambou en tons naturels est idéal pour créer cette jupe « bio » à la fois saine et sensuelle. Les carrés individuels, tels les galets marins, sont crochetés et assemblés en bandes. Pour une coupe ajustée, il suffit de coudre les fermetures à boutons avec la jupe sur soi.

Comme le fil de bambou est teint par des moyens exclusivement naturels, certains tons varieront suite au lavage ou au rinçage. L'effet que vous voyez sur la photo, presque denim, est créé en rinçant délicatement le tissu à l'eau froide. Vous aimez ce que vous voyez ? Ajouter une petite quantité de vinaigre blanc au rinçage vous aidera à fixer le teint.

TAILLES

XP (P, M, G, TG, 2X)

DIMENSIONS FINALES

LARGEUR DU PORTEFEUILLE :
109 (122, 134, 147, 160, 173) cm

LONGUEUR DE LA TAILLE À L'OURLET :
109 (122, 134, 147, 160, 173) cm

FIL

FIL A : Alchemy Bamboo (100 % bambou; 126 m/50 g) : 7 (8, 9, 10, 11, 12) écheveaux. Mica (95M)

FIL B : Alchemy Bamboo (100 % bambou; 126 m/50 g) : 1 (1, 2, 2, 2, 2) écheveau(x). Gris étain (09M)

SUBSTITUTION : approx. 860 (980, 1 090, 1 260, 1 386, 1 512) m de fil DK-weight dans les tons pâles et 126 (126, 252, 252, 252, 252, 252) m de fil DK-weight de couleur plus foncée. Rechercher du fil qui tricote 10 cm sur 22-24 m.

CROCHET

3,5 mm ou la taille nécessaire pour obtenir l'échantillon correct

FOURNITURES

Aiguille à laine

2 boutons de 2,5 cm

Aiguille et fil à coudre

ÉCHANTILLON

Après blocage mouillé, chaque carré mesure 6 cm

conseils

La largeur donnée est celle du rectangle posé à plat. Comme vous allez le porter en jupe portefeuille, chaque taille peut convenir à une mesure d'une demi ou de trois-cinquièmes de la taille actuelle du rectangle. Par exemple, la taille P correspond à une taille de 60-70 cm et la taille M, à une taille de 67-81 cm.

La longueur de la jupe peut être facilement ajustée en ajoutant des rangs de carrés. Chaque addition ajoutera environ 6 cm de long.

CARRÉ GALET

Avec le fil B, faire 18 (18, 24, 28, 30, 34) carrés.

Avec le fil A, faire 115 (129, 137, 147, 159, 169) carrés.

Bloquer mouillé tous les carrés, puis les laisser sécher.

ROND 1 : 3ml (comptent comme 1b), trav. 11b dans la 1re ml, mc en haut des 3ml initiales pour joindre.

ROND 2 : 3ml (comptent comme 1b), 2b dans la 1re b, (b dans les 2b suiv., b dans la b suiv.) 3 fois, b dans les 2b suiv., mc en haut des 3ml pour joindre.

ROND 3 : 3ml (comptent comme 1b), 2 dans la 1re b, (b dans les 4b suiv., 3b dans la b suiv.) 3 fois, b dans les 4b suiv., mc en haut des 3ml pour joindre.

ROND 4 : 3ml (comptent comme 1b), 2b dans la 1re b, (b dans les 6b suiv., 3b dans la b suiv.) 3 fois, b dans les 6b suiv., mc en haut des 3ml pour joindre.

Arrêter le fil.

ASSEMBLAGE

Placer les carrés à la configuration désirée, répartissant les carrés en fil B plus ou moins également. Le rectangle sera haut de 7 carrés et large de 19 (21, 23, 25, 27, 29) carrés.

Avec le fil A et sur l'env., ms dans les boucles arrière des carrés pour joindre en bandes horizontales 19 (21, 23, 25, 27, 29) bandes de large et 2 carrés de haut. Ajouter des rangs de carrés additionnels de cette façon jusqu'à obtenir un rectangle de 7 bandes de haut.

Sur l'end., crocheter les bandes ensemble verticalement pour accentuer les lignes verticales.

FINITIONS

RONDS 1-2 : avec le fil A, trav. 2 ronds de demi-b réparties de façon égale autour du bord externe du rectangle, trav. 3demi-b dans chaque coin.

ROND 3 : sur l'end., trav. une boucle à bouton au coin droit supérieur comme suit: demi-b dans la maille du coin, 5ml, demi-b dans la m. suiv., cont. tout autour jusqu'au coin supérieur suiv., rép la boucle à bouton, finir en demi-b jusqu'à la fin du rond. Arrêter et rentrer les fils.

À ce point, il est extrêmement important de bloquer mouillé pour que les carrés restent plats. Pour ce faire, submerger et saturer la jupe d'eau tiède. Presser doucement pour faire sortir l'excès d'eau. Étaler à plat sur une serviette dans un endroit bien ventilé et étirer jusqu'à ce qu'elle ait la dimension désirée. Si le blocage est fait sur un matelas, un tapis ou une planche à bloquer, utiliser des épingles inoxydables pour la faire tenir en place.

Laisser sécher à l'air.

Essayer la jupe, marquer la position des boutons et les coudre en place.

DÉBARDEUR
filet à encolure bateau

amy swenson

TAILLES

P (M, G, TG, 2X, 3X)

DIMENSIONS FINALES

TOUR DE POITRINE :
86 (96, 107, 117, 127, 137) cm

FIL

Jade Sapphire 6-ply Cashmere (100 %
cachemire; 137 m/55 g): 3 (3, 4, 4, 5, 5)
écheveaux. Hortensia

SUBSTITUTION : approx. 300 (350, 400, 540,
400, 550) m de fil aran-weight. Rechercher
du fil qui tricote 10 cm sur 1 820 m.

CROCHET

4,5 mm ou la taille nécessaire pour obtenir
l'échantillon correct

FOURNITURE

Aiguille à laine

ÉCHANTILLON

16 demi-b = 10 cm

Le point de filet, simple et moderne, est idéal pour ce petit haut près du corps. À porter comme un gilet ou sur une camisole, habillé ou déshabillé selon votre humeur. Ici, j'ai utilisé un cachemire fin teint à la main pour allier la profondeur de la couleur à la douceur pelucheuse de la fibre. Mais il sera tout aussi séduisant dans n'importe quelle fibre de luxe. Essayez la soie pour un look de soirée étincelant ou le doux mérinos pour un look plus professionnel. Ce haut tout simple peut être réalisé l'espace d'une fin de semaine.

conseil

Comme le haut est ajusté à la taille et lâche autour du buste, recherchez une aisance de 5-7,5 cm pour une bonne tenue.

CEINTURE

Chaînette de base de 26 ml.

RANG 1 : demi-b dans la 2ᵉ ml depuis le crochet et chaque ml tout le long. Tourner.

RANG 2 : 2ml, demi-b dans chaque demi-b tout le long. (Ne pas trav. la ch pour tourner). Tourner.

Rép le rang 2 jusqu'à ce que la bande mesure 71 (81, 91, 102, 112, 122) cm depuis le début. Ne pas couper le fil.

Coudre en mc la chaînette de base au rang final pour former un tube.

CORSAGE

Trav. en ronds joints sans tourner.

ROND 1 : 1ml, 108 (120, 132, 144, 156, 168) ms réparties de façon égale autour du bord supérieur de la bande. Mc pour joindre.

ROND 2 : 1ml, ms dans la 1ʳᵉ ms, (3ml, sauter 2ms, ms dans la ms suiv.) jusqu'aux 2 dernières ms, 3ml, mc dans la ms initiale; 36 (40, 44, 48, 52, 56) arches de ch.

MOTIF DE FILET

ROND 1 : 5ml, b dans la ms suiv., (3ml, b dans la ms suiv.) tout autour, 3ml, mc jusqu'à la ch pour tourner.

ROND 2 : 1ml, ms dans l'arche de ch faite par la ch pour tourner du rang précédent, (3ml, ms dans la ms suiv.) tout autour, 3ml, mc jusqu'à la ms.

ROND 3 : 6ml, db dans la ms suiv., (3ml, db dans la ms suiv.) tout autour, 3ml, mc jusqu'à la ch pour tourner.

ROND 4 : 1ml, ms dans l'arche de ch faite par la ch pour tourner du rang précédent, (3ml, ms dans la ms suiv.) tout autour, 3ml, mc jusqu'à la ms.

Rép les ronds 14 encore 2 (2, 3, 3, 3) fois.

Arrêter le fil.

Diviser pour les emm. et cont. à trav. le dos comme suit.

DOS

Trav. en rangs, en va-et-vient.

RANG 1 : rattacher le fil par 1mc à la 3ᵉ ms du rond.

En cont. dans le motif de filet, trav. comme pour le rond 1 sur les 14 (16, 18, 20, 22, 24) premières arches de ch, en term. par des b dans les ms. Tourner.

Cont. dans le motif (en trav. en va-et-vient comme pour les ronds 1-4 ci-dessus) juste sur ces mailles jusqu'à ce que le morceau mesure 20 (21, 23, 23, 24, 24) cm depuis le début du dessous de bras ou jusqu'à la hauteur d'emmanchure désirée. Arrêter le fil.

Rattacher le fil par 1mc à la 4ᵉ ms depuis la bordure gauche du dos. Trav. comme pour le devant.

FINITIONS

Coudre les épaules sur 5 (5, 6, 7, 9, 9) cm ou tel que désiré.

Rentrer les fils.

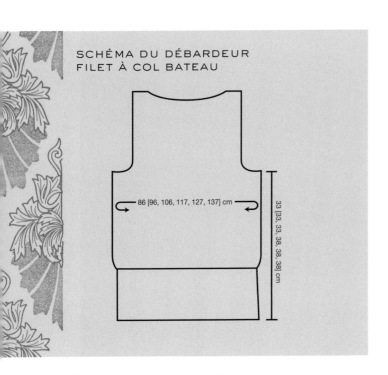

SCHÉMA DU DÉBARDEUR FILET À COL BATEAU

86 [96, 106, 117, 127, 137] cm

33 [33, 33, 38, 38, 38] cm

Simple
JUPE
TRANSPARENTE

amy swenson

Parfois les formes les plus simples sont les plus amusantes et les plus flatteuses. J'ai adoré les récentes tendances « poof » du monde de la mode. Quelques fronces par-ci, un grand ourlet par-là – un peu de poof bien dosé ajoute une touche d'humour à n'importe quel tissu. Ici, j'ai utilisé un fil de soie et mohair lace-weight pour créer ce vêtement aérien semi-transparent. C'est la jupe idéale à porter sur un jupon ou des jambières pour un look plus décontracté.

conseil

Dans le doute, choisissez une taille plus petite que votre tour de taille actuel. La ceinture au crochet est extensible !

TAILLES

XP (P, M, G, TG, 2X, 3X)

DIMENSIONS FINALES

CIRCONFÉRENCE À LA TAILLE :

71 (76, 81, 86, 91, 96, 101) cm

FIL

Rowan Kidsilk Haze (70 % kid mohair, 30 % soie; 210 m/25 g) : 3 (3, 4, 4, 4, 4, 5) écheveaux. Mûre (600)

SUBSTITUTION : approx. 580 (620, 660, 700, 760, 820, 880) m de mohair lace-weight.

CROCHETS

3,5 mm

5,0 mm ou la taille pour obtenir l'échantillon correct

FOURNITURE

Aiguille à laine

ÉCHANTILLON

12 b et 6½ rangs de brides avec le crochet 5,0 mm

Ce tissu est très extensible – secouer l'échantillon avant de le mesurer pour être sûre qu'il ne soit pas étendu, puis le mettre à plat pour mesurer.

SCHÉMA DE LA
SIMPLE JUPE TRANSPARENTE

71 [76, 81, 86, 91, 96, 101] cm

35 [35, 35, 38, 38, 40, 40, 43] cm

CEINTURE

Chaînette de base de 6ml avec un brin de fil à double et le crochet 3,5 mm. Tourner. B dans la 3e ml et dans chaque ml tout le long. Tourner.

3ml, b dans chaque b.

Rép le dernier rang jusqu'à ce que la ceinture mesure 66 (71, 76, 81, 86, 91, 96, 101) cm ou la longueur désirée. Couper et arrêter le fil.

Avec une aiguille à laine, coudre les côtés courts ensemble.

JUPE

Trav. en ronds joints sans tourner.

ROND 1 : avec le crochet 5 mm, attacher un brin de fil seul par 1mc à la bordure de la ceinture. 1ml, ms tout autour d'un côté de la bordure, en crochetant approx. 4 ms pour chaque bord de rang en b. Mc pour joindre.

ROND 2 : 3ml, b dans chaque maille tout autour, mc pour joindre.

Rép le rond 2 jusqu'à ce que la jupe mesure 35 (35, 35, 38, 38, 40, 40, 43) cm depuis le bord supérieur de la ceinture ou la longueur désirée.

Arrêter le fil.

FINITIONS

Rentrer les fils.

TAILLES

P (M, G, TG)

DIMENSIONS FINALES

TOUR DE POITRINE : 92 (102, 112, 122) cm

FIL

Lorna's Laces Lion and Lamb (50 % laine mérinos, 50 % soie; 187 m/100 g): 6 (6, 7, 7) écheveaux. Rouge Rover

SUBSTITUTION : approx. 1 005 (1 097, 1 280, 1 371) m de fil aran-weight. Rechercher du fil qui tricote 10 cm sur 18 m.

CROCHET

4,5 mm ou la taille nécessaire pour obtenir l'échantillon correct

FOURNITURES

Aiguille à laine

Anneaux marqueurs détachables

ÉCHANTILLON

14 b = 10 cm

TUNIQUE
japonaise

amy swenson

Comme les hauts au crochet sont souvent portés sur une camisole ou un débardeur, pourquoi ne pas les concevoir avec des décolletés très plongeants ? Cette longue tunique à manches longues d'inspiration japonaise présente un motif d'œillets en brides serrées sur les poignets et sur l'ourlet, et un motif plus ajouré sur l'empiècement et les manches. Elle est crochetée comme un cardigan et est cousue sur le devant. Vous souhaitez une encolure moins plongeante ? Cousez simplement un peu plus haut.

conseil

Ce haut est crocheté en rangs, en un seul morceau, depuis l'ourlet du bas. Les manches sont travaillées séparément, puis attachées au corps avant de crocheter l'empiècement.

MOTIF D'ŒILLET

Le motif est montré en rangs, mais il peut être converti en ronds en joignant simplement la dernière maille à la maille pour tourner par une mc depuis le début du rang.

Chaînette de base d'un multiple de 2 ml.

RANG 1 : 2ml, b dans chaque ml. Tourner.

RANG 2 : 1ml, ms dans chaque b. Tourner.

RANG 3 : 2ml, b dans chaque ms. Tourner.

RANG 4 : 1ml, ms dans chaque b. Tourner.

RANG 5 : (3ml, ms dans la 2e ms) jusqu'à la fin. Tourner.

RANG 6 : 1ml, 2ms dans chaque arche de 3ml. Tourner.

RANG 7 : 2ml, b dans chaque ms. Tourner.

RANGS 8-10 : rép les rangs 46.

RANG 11 : 2ml, b dans chaque ms. Tourner.

Rép les rangs 2-11.

CORPS

Chaînette de base de 126 (140, 154, 168) ml.

Trav. les rangs 1-11 du motif d'œillet, puis les rangs 2-11 deux autres fois, puis les rangs 26.

FAÇONNAGE DU COL PLONGEANT

RANG 1 : 3ml, b dans la 3e ms, *(1ml, b dans la 2e ms). Rép de * aux 3 dernières ms, 1ml, b dans la dernière ms sur le rang; (1 arche de ch dim.). Tourner.

RANG 2 : 1ml, ms dans la 1re arche de ch, 2ms dans chaque arche de ch suiv. jusqu'à la dernière arche de ch, 1ms dans l'arche de ch; (2ms dim.).

Rép les 2 derniers rangs 4 autres fois; il reste 106 (120, 134, 148) m.

Ne pas couper le fil; mettre le corps de côté.

MANCHES (2)

Trav. en ronds joints sans tourner.

Chaînette de base de 34 (38, 42, 46) ml, mc pour joindre et commencer à trav. en ronds.

Trav. les rangs 1-11 du motif d'œillet en brides, puis les rangs 24.

Au rang suiv., commencer les aug. des manches comme suit:

ROND 1 : 4ml, *(b dans la 2e ms, 1ml). Rép de * tout autour, mc dans les 4ml pour joindre.

ROND 2 : 1ml, 2ms dans chaque arche de ch tout autour, mc pour joindre.

ROND 3 : 4ml, b dans la 1re ms, 1ml, *(b dans la 2e ms, 1ml). Rép de * tout autour, mc pour joindre.

ROND 4 : 1ml, 2ms dans chaque arche de ch tout autour, mc pour joindre.

Rép les ronds 1-4 jusqu'à avoir 52 (56, 60, 64) m. – 9 fois.

Rép les ronds 1 et 2 jusqu'à ce que les manches mesurent 46 cm ou jusqu'à la longueur désirée au dessous de bras, finir après avoir travaillé le rond 2. Placer un mq sur chaque manche au début du rond pour marquer le dessous de bras.

Couper et rentrer le fil.

EMPIÈCEMENT

Les manches seront maintenant attachées en deux endroits au bord de chaque dessous de bras, laissant un petit espace de 8 m. sous le bras à coudre plus tard.

Placer les mq des lisières du chandail comme suit: mq à la 22e (24e, 28e, 32e) ms en partant de chaque bord du devant.

Suivant les instructions de façonnage du col plongeant, trav. le rang 1 puis relier les manches au corps comme suit:

RANG 1 : trav. dans le motif le long du devant jusqu'à 4 ms avant le mq du côté, finir en plaçant 1b 1ml dans la 5e ms avant le mq.

Prendre la 1re manche, joindre par 1b dans la 5e ms avant le mq du dessous de bras. Cont. dans le motif, en trav. les m. des manches et du corps en même temps, en commençant par 1ml, jusqu'à 4 m. avant le dessous de bras de la manche, et finir par 1b 1ml dans la 5e m. avant le mq du dessous de bras de la manche.

Placer la b suiv. dans la 5e m. après le mq de lisière du corps. Cont. le long du dos jusqu'à 4 m. avant le mq de l'autre lisière, en term. par 1b 1ml dans la 5e m. avant le mq au lieu de la 6e (c.-à-d., pour la dernière b avant la manche, sauter 2 m. au lieu de 1).

Trav. le long de l'autre manche et joindre à l'autre devant comme précédemment.

RANG 2 : 2ml, trav. 2ms dans chaque arche de ch tout le long du rang. Tourner.

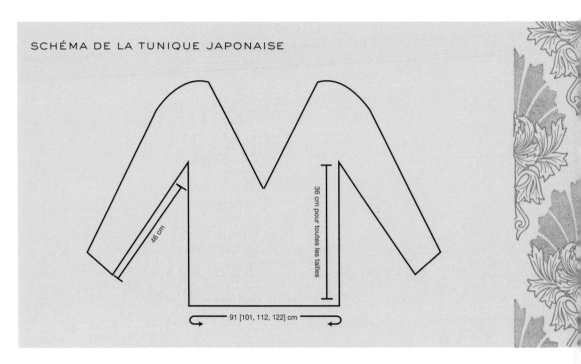

46 cm

36 cm pour toutes les tailles

91 [101, 112, 122] cm

DIMINUTIONS DE L'EMPIÈCEMENT

RANG 1 : 3ml, b dans la 3e ms, (1ml, b dans la 2e ms) jusqu'à la fin du rang; 87 (98, 109, 120) arches de ch. Tourner.

RANG 2 : 1ml, trav. 2ms dans les 4 premières arches de ch, 1ms dans l'arche de ch suiv., (2ms dans les 5 arches de ch suiv., 1ms dans l'arche de ch suiv.) jusqu'aux 4 dernières arches de ch, 2ms dans les 4 dernières arches de ch. Tourner.

RANG 3 ET TOUS LES RANGS IMPAIRS : rép le rang 1.

RANG 4 : 1ml, trav. 2ms dans chaque arche de ch jusqu'à la fin du rang. Tourner.

RANG 6 : 1ml, trav. 2ms dans les 6 premières arches de ch, 1ms dans l'arche de ch suiv., (2ms dans les 5 arches de ch suiv., 1ms dans l'arche de ch suiv.) jusqu'aux 6 dernières arches de ch, 2ms dans les 6 dernières arches de ch. Tourner.

RANG 8 : 1ml, trav. ms dans chaque arche de ch jusqu'à la fin du rang. Tourner.

RANG 10 : 1ml, trav. 2ms dans les 2 premières arches de ch, 1ms dans l'arche de ch suiv., (2ms dans les 4 arches de ch suiv., 1ms dans l'arche de ch suiv.) jusqu'aux 2 dernières arches de ch, 2ms dans les 2 dernières arches de ch. Tourner.

RANG 12 : 1ml, trav. 2ms dans chaque arche de ch jusqu'à la fin du rang. Tourner.

RANG 14 : 1ml, 2ms dans les 5 premières arches de ch, 1ms dans l'arche de ch suiv., (2ms dans les 4 arches de ch suiv., 1ms dans l'arche de ch suiv.) jusqu'aux 5 dernières arches de ch, 2ms dans les 5 dernières arches de ch. Tourner.

RANG 16 : 1ml, trav. 2ms dans chaque arche de ch jusqu'à la fin du rang. Tourner.

RANG 18 : 1ml, trav. 2ms dans les 2 premières arches de ch, 1ms dans l'arche de ch suiv., (2ms dans les 3 arches de ch suiv., 1ms dans l'arche de ch suiv.) jusqu'aux 3 dernières arches de ch, trav. 2ms dans chacune des 3 dernières arches de ch. Tourner.

RANG 19 : 3ml, b dans le 3ᵉ ms, (1ml, b dans la 2ᵉ ms) jusqu'à la fin du rang; 47 (58, 69, 80) arches de ch. Tourner.

Pour la taille M seulement

RANG 20 : 1ml, trav. 2ms dans chaque arche de ch jusqu'à la fin du rang. Tourner.

RANG 22 : tourner. 1ml, 2ms dans les 5 premières arches de ch, 1ms dans l'arche de ch suiv., (2ms dans les 4 arches de ch suiv., 1ms dans l'arche de ch suiv.) jusqu'aux 6 dernières arches de ch, 2ms dans 5 arches de ch, 1ms dans l'arche de ch suiv. Tourner.

RANG 24 : tourner. 1ml, trav. 2ms dans chaque arche de ch jusqu'à la fin du rang. Tourner.

RANG 25 : tourner. 3ml, b dans la 3ᵉ ms, (1ml, 2b dans la 2ᵉ ms) jusqu'à la fin du rang - 51 arches de ch. Tourner.

Pour la taille G seulement

RANG 20 : 1ml, trav. 2ms dans chaque arche de ch jusqu'à la fin du rang. Tourner.

RANG 22 : 1ml, 2ms dans les 3 premières arches de ch, 1ms dans l'arche de ch suiv., (2ms dans les 4 arches de ch suiv., 1ms dans l'arche de ch suiv.) jusqu'aux 4 dernières arches de ch, 2ms dans les 4 arches de ch. Tourner.

RANG 24 : 1ml, trav. 2ms dans chaque arche de ch jusqu'à la fin du rang. Tourner.

RANG 26 : 1ml, 2ms dans les 3 premières arches de ch, 1ms dans l'arche de ch suiv., (2ms dans les 3 arches de ch suiv., 1ms dans l'arche de ch suiv.) jusqu'aux 4 dernières arches de ch, 2ms dans les 4 arches de ch. Tourner.

RANG 28 : 1ml, trav. 2ms dans chaque arche de ch jusqu'à la fin du rang. Tourner.

RANG 29 : 3ml, b dans la 3ᵉ ms, (1ml, b dans la 2ᵉ ms) jusqu'à la fin du rang - 52 arches de ch. Tourner.

Pour la taille TG seulement

RANG 20 : 1ml, trav. 2ms dans chaque arche de ch jusqu'à la fin du rang. Tourner.

RANG 22 : 1ml, 2ms dans les 4 premières arches de ch, 1ms dans l'arche de ch suiv., (2ms dans les 4 arches de ch suiv., 1ms dans l'arche de ch suiv.)

jusqu'aux 4 dernières arches de ch, 2ms dans les 4 arches de ch. Tourner.

RANG 24 : 1ml, trav. 2ms dans chaque arche de ch jusqu'à la fin du rang. Tourner.

RANG 26 : 1ml, 2ms dans les 4 premières arches de ch, 1ms dans l'arche de ch suiv., (2ms dans les 3 arches de ch suiv., 1ms dans l'arche de ch suiv.) jusqu'aux 4 dernières arches de ch, 2ms dans les 4 arches de ch. Tourner.

RANG 28 : 1ml, trav. 2ms dans chaque arche de ch jusqu'à la fin du rang. Tourner.

RANG 30 : 1ml, 2ms dans les 3 premières arches de ch, 1ms dans l'arche de ch suiv., (2ms dans les 3 arches de ch suiv., 1ms dans l'arche de ch suiv.) jusqu'aux 4 dernières arches de ch. 2ms dans les 4 arches de ch. Tourner.

RANG 32 : 1ml, trav. 2ms dans chaque arche de ch jusqu'à la fin du rang. Tourner.

RANG 33 : 3ml, b dans la 3ᵉ ms, (1ml, b dans la 2ᵉ ms) jusqu'à la fin du rang - 52 arches de ch. Tourner.

Pour toutes les tailles

Arrêter le fil.

FINITIONS

DEVANT DE FACE

RANG 1 : sur l'end., attacher le fil par 1mc au coin inférieur droit du devant. 1ml, ms de façon égale le long de la bordure avant jusqu'au début de la section filet, puis trav. 2ms dans chaque b et 1ms dans chaque ms le long de la section filet du devant. Trav. 2ms dans chaque arche de ch le long de l'encolure, puis 2ms dans chaque b et 1ms dans chaque ms de la bordure gauche du filet, puis de façon égale le long de la bordure inférieure gauche du dos. Tourner.

RANG 2 : 3ml, b dans chaque ms, en trav. 2b dans chaque coin supérieur où le devant rencontre l'encolure.

COUTURE AVANT

Arrêter le fil, en laissant une longueur de 65 cm. Utiliser ce brin pour coudre les devants jusqu'au début du V.

Rentrer les fils.

Bloquer mouillé.

ROBE
de cocktail à vagues
annie modesitt

TAILLES

XP (P, M, G, TG, 2X)

DIMENSIONS FINALES

TOUR DE BUSTE :
81 (91, 101, 112, 121, 132) cm

LONGUEUR FINALE DEPUIS L'ÉPAULE :
111 (121, 125, 133, 135, 140) cm

FIL

FIL A : Karabella zodiac (100 % coton;
90 m/50 g): 8 (9, 9, 10, 10, 11) écheveaux.
Vert printemps (422)

FIL B : Karabella Vintage Cotton (100 % coton;
128 m/50 g): 7 (8, 8, 9, 9, 10) écheveaux.
Bleu sarcelle (300)

SUBSTITUTION : rechercher des cotons
DK-weight en deux couleurs. Un total de
1 600-2 300 m de fil est requis.

CROCHETS

4,0 mm

5,0 mm

5,5 mm

FOURNITURE

Aiguille à laine

ÉCHANTILLON

20 m. et 8 rangs = 10 cm de large sur
12,5 cm de haut en motif de vagues avec
le crochet 4,0 mm

S'inspirant des délicieuses (et parfois tellement adorables) robes de cocktail de la fin des années 1950, cette robe se porte avec un clin d'œil et un sourire. Sa palette aux couleurs d'été utilise des tons de bleu, jaune et vert qui rappellent les patios de la plage et les *mojitos* frais. Le motif de vagues tout simple donne au tissu une texture rétro, tandis que le haut en filet apporte une note à la fois sage et osée.

conseil

Pour une coupe ajustée, choisissez une taille 2,5-5 cm plus large que celle de votre tour de buste.

Annie Modesitt adore la nature sculpturale du crochet et le fait qu'un magnifique tissu peut être créé en utilisant juste un crochet et un fil aussi fin que du fil à pêche ! On trouve les designs d'Annie et ses essais sur le tricot et le crochet dans plusieurs livres et magazines, dont Interweave Crochet, Family Circle *et* Easy Knitting. *Annie est l'éditrice des calendriers* Accord Crochet Pattern-a-Day *de 2006 et 2007.*

POINT SPÉCIAL

2DB ENS. (DIMINUTION) : 1 jeté deux fois, piquer le crochet dans la m. suiv., 1 jeté, ramener une boucle, 1 jeté, piquer le crochet dans la m. suiv., 1 jeté, ramener une boucle, trav. les m. hors du crochet deux par deux comme pour une double-bride normale.

BRODERIE AU CROCHET

Tenant le fil à l'arrière de l'ouvrage, piquer le crochet de l'avant vers l'arrière. 1 jeté, ramener la boucle sur le devant. (Déplacer le crochet jusqu'au point où la maille chaînette suivante doit commencer et piquer de l'avant vers l'arrière. 1 jeté, tirer le fil à travers le tissu et à travers la boucle sur le crochet.) Répéter en déplaçant le crochet au début de chaque nouvelle maille pour créer un motif décoratif sur le devant du tissu.

CORDONS TORSADÉS

Mesurer une longueur de fil 4 fois plus longue que la longueur finale désirée. Plier le brin en deux et faire un nœud coulant à chaque extrémité. Attacher l'un d'eux à une poignée de porte et reculer jusqu'à ce que le fil ne touche plus le sol.

Glisser un crochet dans le nœud que vous tenez et tendre le fil de façon que le crochet soit perpendiculaire, permettant au fil de glisser entre l'index et le majeur.

Commencer à tourner le crochet à la manière d'une hélice pour tordre les brins de fil. Cont. jusqu'à ce que le fil soit très tendu et torsadé de façon égale. Relâché légèrement, le cordon devrait vouloir s'entortiller.

Tenant toujours l'une des extrémités, pincer le fil torsadé à mi-chemin de la poignée de porte.

Réunir les extrémités en allant vers la porte SANS LÂCHER LE MILIEU DU FIL TORSADÉ. Quand les 2 nœuds sont ensemble, lâcher le milieu. Le fil devrait s'entortiller, formant un cordon épais.

Libérer le nœud de la porte et nouer les deux extrémités. Faire glisser le cordon dans la main pour égaliser les torsades si nécessaire.

MOTIF DE VAGUES

Trav. sur un multiple de 7 m.

COMMENCER LE MOTIF DE 4 RANGS

Trav. en ronds sans tourner.

ROND 1 : avec le fil A, 1ml, (ms, demi-b dans les 2 m. suiv., b dans les 2 m. suiv., db dans les 2 m. suiv., b dans les 2 m. suiv., demi-b dans les 2 m. suiv., ms dans les 2 m. suiv.), rép jusqu'à la fin, joindre par une mc.

ROND 2 : 1ml, ms tout autour.

ROND 3 : avec le fil B, 3ml, (db, b dans les 2 m. suiv., demi-b dans les 2 m. suiv., ms dans les 3 m. suiv., demi-b dans les 2 m. suiv., b dans les 2 m. suiv., db dans les 2 m. suiv.), rép jusqu'à la fin. Joindre par 1mc.

ROND 4 : rép le rond 2.

JUPE

Trav. joint en rond du bas vers le haut sans tourner.

Avec le crochet 4,0 mm et le fil A, chaînette de base de 154 (182, 196, 224, 238, 266) ml. Joindre pour trav. en rond.

ROND DE PRÉPARATION : ms tout autour.

Rép les ronds (voir grille), en amenant la couleur non utilisée sur l'envers. Cont. en répétant les ronds 1-4 jusqu'à ce que le morceau mesure 28 (29, 28, 30, 31, 32) cm depuis la chaînette de base. Finir par le rang 4 de la grille du motif.

DIMINUTIONS DE LA JUPE

Cont. en alternant les fils tous les 2 rangs tel qu'établi.

Dans la répétition suivante, diminuer comme suit:

ROND 1 : (ms, demi-b dans les 2 m. suiv., b dans les 2 m. suiv., db, 2db ens., demi-b dans les 2 m. suiv., demi-b dans les 2 m. suiv., ms dans les 2 m. suiv.), rép jusqu'à la fin du rond - 143 (169, 182, 208, 221, 247) m.

RONDS 2 ET 4 : ms tout autour.

ROND 3 : (db, b dans les 2 m. suiv., demi-b dans les 2 m. suiv., ms dans les 2 m. suiv., demi-b dans les 2 m. suiv., b dans les 2 m. suiv., 2db ens.), rép jusqu'à la fin du rond - 132 (158, 171, 197, 210, 236) m.

Trav. égal dans le motif tel qu'établi pendant 8 (8, 12, 12, 16, 16) ronds, puis dim. comme suit:

ROND 1 : (ms, demi-b dans les 2 m. suiv., b dans les 2 m. suiv., 2db ens.), rép jusqu'à la fin du rond - 121 (147, 160, 186, 199, 225) m.

ROND 3 : sauter 1db, (b dans les 2 m. suiv., demi-b dans les 2 m. suiv., ms, demi-b dans les 2 m. suiv., b dans les 2 m. suiv., 2db ens.), rép jusqu'à la dernière répétition, trav. les 2db ens. finale avec la m. sautée du début du rond – 110 (136, 149, 175, 188, 214) m.

Trav. égal sans autre diminution jusqu'à ce que le morceau mesure 56 (61, 66, 71, 76, 81) cm depuis la chaînette de base.

DESSOUS DE BUSTE

Trav. avec le fil A seulement.

ROND 1 : (1demi-b dans chacune des 4 m. suiv., sauter 1 m., 1ml), rép jusqu'à la fin du rond.

RONDS 2-4 : 1ms dans chaque m. ou chaque arche de ch.

Rép les ronds 1-4 encore 1 (1, 2, 2, 3, 3) fois –
8 (8, 12, 12, 16, 16) ronds au total.

BUSTE

Trav. avec le fil B seulement et trav. en spirale sans
tourner.

Bloquer l'ouvrage fait jusque-là et déterminer le côté
qui sera le devant.

ROND 1 : avec le crochet 4,0 mm et le devant de la
robe face à soi, joindre le fil B au côté droit et crocheter 56 (68, 74, 88, 94, 108) ms le long du dos.

Passer au crochet 5,0 mm (5,5 mm pour les tailles
G, TG, 2X), 54 (68, 75, 87, 94, 106) demi-b le long
du devant jusqu'au début du rond.

Rép 16 (16, 16, 17, 17, 18) fois le rond 1, en
changeant de crochet en passant du devant au dos,
jusqu'à ce que le morceau mesure 25 (25, 26, 27,
27, 28) cm depuis le début de la section buste
(pour un buste plus plein, ajouter quelques ronds).

Trav. 4 autres ronds comme ci-dessus.

Bordure du buste

RONDS 1-4 : trav. tel qu'établi tout le long du dos
avec le crochet 4,0 mm. Cont. avec le même crochet, en trav. en demi-b sur le devant comme dans
les ronds précédents.

BRODERIE AU CROCHET POUR LE BUSTE

ROND 1 : avec le crochet 4,0 mm et le fil B, et en
commençant à la 1re demi-b au bas droit du devant,
trav. la broderie sur tout le rang jusqu'à la dernière
demi-b au bas gauche du devant. Chaînette jusqu'à
la 1re demi-b du rang suiv.

RANG 2 : rép le dernier rang dans la direction
opposée le long du devant jusqu'à la dernière
demi-b du second rang du dessous du buste au bas
droit du devant. Chaînette jusqu'à la 1re demi-b
du rang suiv.

Rép le rang 2 jusqu'à ce que tous les rangs du
devant du buste aient été recouverts par la broderie.
Arrêter et rentrer les fils.

EMPIÈCEMENT EN DENTELLE DU DOS

Trav. avec le fil A seulement.

Compter 11 (8, 9, 13, 9, 13) m. depuis le bord
droit du dessous de bras à l'endroit où la taille de
crochet est passée de 5,0 mm à 4,0 mm. Avec le

crochet 4,0 mm, joindre un brin de fil A à la m. suiv.

RANG 1 (END.) : (7ml, sauter 4 m., ms dans la m. suiv.) 9 (12, 13, 15, 17, 19) fois. Tourner.

RANG 2 (ENV.) : 7ml, ms dans la 1re arche de ch, (7ml, ms dans l'arche de ch suiv.), rép jusqu'à la dernière arche de ch. Finir par 7ml, mc à l'endroit où le fil A a été joint. Tourner.

RANG 3 (END.) : 1mc dans chacune des 3 dernières ml travaillées, ms dans l'arche de ch, (7ml, ms dans l'arche de ch suiv.), rép jusqu'à la dernière arche de ch. Tourner.

RANG 4 (ENV.) : 7ml, ms dans la 1re arche de ch, (7ml, ms dans l'arche de ch suiv.), rép jusqu'à la dernière arche de ch. Finir par 7ml, mc dans la 1re ms du rang précédent. Tourner.

NOTE: Les rangs sur l'envers auront une arche de ch de plus que les rangs sur l'endroit.

Rép les 2 derniers rangs jusqu'à ce que le morceau mesure 8 (10, 11, 11, 12, 13) cm ou arrive juste sous la nuque. Finir par un rang sur l'envers.

DIVISER POUR LE COU

RANG 1 (END.) : 1mc dans chacune des 3 dernières ml travaillées, ms dans l'arche de ch, (7ml, ms dans l'arche de ch suiv.) 3 (4, 5, 5, 5, 7) fois. Tourner.

RANG 2 (ENV.) : 7ml, ms dans la 1re arche de ch, (7ml, ms dans l'arche de ch suiv.), rép jusqu'à la dernière arche de ch. Finir par 7ml, mc dans la 1re m. du rang précédent. Tourner l'ouvrage.

Rép les rangs 1-2, créant une bretelle qui va passer par-dessus l'épaule jusqu'au devant. Trav. jusqu'à ce que la bretelle mesure 11 (11, 12, 13, 13, 14) cm depuis la division du cou.

ATTACHER LES BRETELLES

Trav. sur le côté opposé de l'empièce ment en dentelle du dos, répéter le façonnage avant de la bretelle pour l'autre épaule.

Faire un essayage pour déterminer l'emplacement des bretelles à l'avant de la robe.

Faufiler la bretelle droite à la bordure du devant, en espaçant la faufilure toutes les 5 mailles pour correspondre à l'emplacement de l'empièce ment en dentelle en haut du dos.

OURLET EN DENTELLE

Avec le crochet 4,0 mm, joindre un brin du fil B au milieu du dos du bas de la jupe.

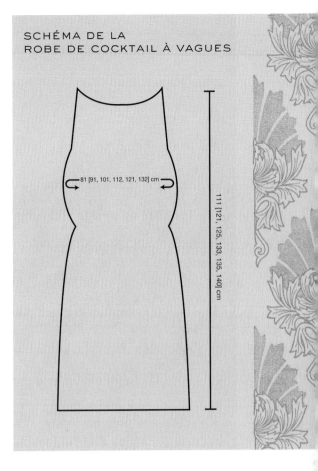

SCHÉMA DE LA
ROBE DE COCKTAIL À VAGUES

81 [91, 101, 112, 121, 132] cm

111 [121, 125, 133, 135, 140] cm

(7ml, sauter 4 m., ms dans la m. suiv.), rép tout autour de l'ourlet. Finir par 1ms dans la 1re arche de ch formée.

(7ml, ms dans l'arche de ch suiv.), rép, en trav. en spirale, jusqu'à ce que l'ourlet mesure 5 cm ou la longueur désirée. Finir par 1ms au milieu du dos. Arrêter le fil.

FINITIONS

Bloquer la robe. Rentrer les fils.

CORDONS (3)

Créer 3 cordons torsadés d'une longueur finale de deux fois le tour de taille, en suivant les instructions pour cordon torsadé. En commençant au côté droit du corps, enfiler les cordons dans les espaces des 3 rangs à œillets de la section sous le buste. Ils seront desserrés pour enfiler la robe, puis resserrés pour agir comme un mini corset et soutenir le buste.

TAILLES

XP (P, M, G, TG, 2X)

DIMENSIONS FINALES

TAILLE BASSE :
79 (84, 89, 94, 99, 104) cm

FIL

FIL A : South West Trading Company Oasis
(100 % soie de soja ; 220 m/100 g) :
6 (6, 7, 7, 8, 8) écheveaux. Turquoise (502)

FIL B : South West Trading Company Shimmer
(50 % nylon, 50 % polyester ; 137 m/25 g) :
2 (4, 4, 4, 6, 6) écheveaux. Cuivre (405)

SUBSTITUTION : rechercher des fils DK- ou
sport-weight qui tricotent 10 cm sur 22-24 m.

CROCHETS

2,75 mm

3,25 mm

FOURNITURES

Aiguille à laine

3 boutons de 16 mm

1 fermeture éclair invisible de 25 cm
assortie au fil A

Aiguille et fil à coudre assorti au fil A

Anneaux marqueurs détachables

ÉCHANTILLON

10 cm = 22 m. avec le crochet 3,25 mm

JUPE
romantique de bord de mer

amie hirtes

Créée dans un fil de soie de soja des plus somptueux et proposée en plusieurs tailles, cette jupe à taille basse flattera la plupart des silhouettes. Une ceinture décorative dorée et turquoise coupe joliment la taille tandis que ses trois niveaux ondulent autour des jambes. La partie inférieure en dentelle est faite de motifs de coquilles et picots, et un joli liseré doré borde chaque panneau. Des boutons et une fermeture éclair invisible finalisent le look sur mesure. À porter avec des sandales dorées et un haut aérien pour une soirée d'été romantique.

conseils

La jupe est conçue pour être portée basse sur la taille. Choisir une taille de quelques centimètres de plus que celle de votre tour de taille ou mesurer votre tour de hanches. Lorsque le motif indique de prendre le fil B, travailler deux brins ensemble.

Amie Hirtes a grandi sur la côte de Jersey dans une ville très touristique. La palette de couleurs de la région – bleu chaud et gris froids, pastels assourdis et bruns lavés – continue d'être une source d'inspiration pour elle. De plus, certains des vêtements qu'elle produit pour son site Internet, NexStitch (www.nexstitch.com), reflètent sa recherche continuelle d'une esthétique simple, très estivale. Comme par hasard, son point favori est, et a toujours été, le point de coquille en raison de sa polyvalence.

POINTS SPÉCIAUX

DEMI-B-ARR.-TIGE (DEMI-BRIDE À L'ARRIÈRE DE LA TIGE) : 1 jeté, piquer le crochet autour de la tige de la maille suivante de l'arrière vers l'avant vers l'arrière, 1 jeté, ramener une boucle, 1 jeté et tirer le fil à travers les boucles restantes.

B-ARR.-TIGE (BRIDE À L'ARRIÈRE DE LA TIGE) : 1 jeté, piquer le crochet autour de la tige de la maille suivante de l'arrière vers l'avant vers l'arrière, 1 jeté, ramener une boucle, 1 jeté et tirer le fil à travers les deux boucles, 1 jeté et tirer le fil à travers les boucles restantes.

DB-ARR.-TIGE (DOUBLE BRIDE À L'ARRIÈRE DE LA TIGE) : 1 jeté deux fois, piquer le crochet autour de la tige de la maille suivante de l'arrière vers l'avant vers l'arrière, 1 jeté, ramener une boucle, (1 jeté, tirer le fil à travers les deux boucles) trois fois.

2B ENS. (2 BRIDES ENSEMBLE) : (1 jeté, piquer le crochet dans la maille suivante, 1 jeté, ramener une boucle, 1 jeté, tirer le fil à travers les deux boucles) deux fois, 1 jeté, et tirer le fil à travers toutes les boucles sur le crochet.

3MS-ENS. (3 MAILLES SERRÉES ENSEMBLE) : (piquer le crochet dans la maille suivante, 1 jeté, ramener une boucle) trois fois, 1 jeté, et tirer le fil à travers toutes les boucles sur le crochet.

PETITE COQUILLE : [(b, 1ml) deux fois, b] dans la maille indiquée.

COQUILLE MOYENNE : [(b, 2ml) deux fois, b] dans la maille indiquée.

GROSSE COQUILLE : [(b, 3ml) deux fois, b] dans la maille indiquée.

PICOT : (ms, 3ml, ms) dans la maille indiquée.

CEINTURE

La jupe est travaillée du haut en bas depuis la taille.

BASE : avec le fil A et un crochet plus large, chaînette de 142 (154, 166, 178, 190, 202) ml.

ROND 1 (END.) : en trav. en bcl-arr.-seul, ms dans la 2e ml et dans chaque ml tout autour jusqu'à la dernière ml, 5ms dans la dernière ml. En retravaillant dans les boucles inutilisées des ml de base, ms tout autour jusqu'à la dernière ml, 4ms dans la dernière ml, joindre par une mc à la 1re ms et passer au fil B. Ne pas tourner; 288 (312, 336, 360, 384, 408) ms faites.

ROND 2 : 2ml (comptent comme la 1re demi-b maintenant et tout au long), demi-b dans la même m. que la mc, mc dans la ms suiv., *2demi-b, mc*. Rép 69 (75, 81, 87, 93, 99) autres fois, **2demi-b dans la même ms que la dernière mc, (mc, 2demi-b, mc) dans la ms suiv., (2demi-b, mc) dans la ms suiv.**. Rép de * à * 71 (77, 83, 89, 95, 101) fois. Rép de ** à ** une fois. Joindre par 1mc à la 1re ms et passer au fil A. Ne pas tourner – 296 (320, 344, 368, 392, 416) demi-b faites.

ROND 3 : 2ml, demi-b-arr.-tige dans la demi-b suiv., sauter mc, *demi-b-arr.-tige dans les 2demi-b suiv., sauter mc*. Rép 69 (75, 81, 87, 93, 99) autres fois, **2demi-b-arr.-tige dans les 2demi-b suiv., sauter mc**, rép de * à * une fois, rép de ** à ** une fois, rép de * à * 71 (77, 83, 89, 95, 101) fois, rép de **

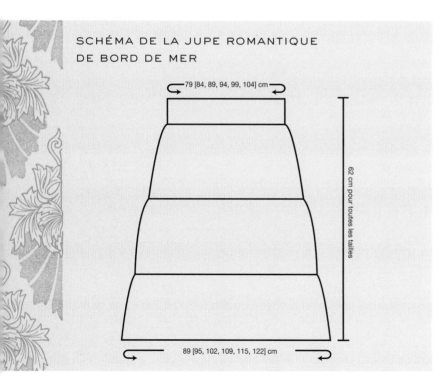

SCHÉMA DE LA JUPE ROMANTIQUE DE BORD DE MER

79 [84, 89, 94, 99, 104] cm

62 cm pour toutes les tailles

89 [95, 102, 109, 115, 122] cm

99, 105) fois, rép de ** à ** une fois, rép de * à * 5 fois, rép de * à ** une fois, rép de * à * une fois, joindre par une mc à la 1ʳᵉ demi-b-arr.-tige et passer au fil A. Ne pas tourner - 328 (352, 376, 400, 424, 448) demi-b faites.

ROND 7 : 2ml, demi-b-arr.-tige dans la demi-b suiv., sauter mc, *2demi-b-arr.-tige, sauter mc*. Rép 73 (79, 85, 91, 97, 103) autres fois, **(b-arr.-tige, db-arr.-tige) dans la demi-b suiv., 1ml, (b-arr.-tige, db-arr.-tige) dans la demi-b suiv., sauter mc**, rép de * à * 5 fois, rép de ** à ** une fois, rép de * à * 75 (81, 87, 93, 99, 105) fois, rép de ** à ** une fois, (demi-b-arr.-tige, 8ml, mc à l'arr. du fil de la 1ʳᵉ ml (boucle à bouton faite), demi-b-arr.-tige, sauter mc, 2demi-b-arr.-tige, sauter mc) 2 autres fois, en omettant les 2 dernières demi-b mais en sautant la mc suiv., rép de ** à ** une fois (placer mq sur l'avant-dernière 1ml), mc à la 1ʳᵉ demi-b. Arrêter - 336 (360, 384, 408, 432, 456) db et 3 boucles à bouton faites.

NIVEAU 1

Trav. en rangs en va-et-vient.

RANG 1 : enlever le mq. Avec un crochet plus gros et le fil A, mc dans le fil arr. de la ml, demi-b dans la même m., 4demi-b-arr.-tige, aug., *5demi-b-arr.-tige, aug.*, rép de * à * tout au long jusqu'au coin suiv., en plaçant la dernière aug. dans le fil arr. de la ml. Tourner - 182 (196, 210, 224, 238, 252) m. faites.

RANGS 2-10 : 2ml, demi-b dans la 2ᵉ m. et dans chaque m. tout au long. Tourner - 182 (196, 210, 224, 238, 252) demi-b faites.

RANG 11 : 2ml, demi-b dans la 2ᵉ m. et dans les 4 m. suiv., aug., *6demi-b, aug.* tout autour. Tourner - 208 (224, 240, 256, 272, 288) demi-b faites.

RANGS 12-26 : 2ml, demi-b dans la 2ᵉ m. et dans chaque m. tout autour. Tourner - 208 (224, 240, 256, 272, 288) demi-b faites.

NIVEAU 2

Trav. en rangs en va-et-vient.

RANG 1 : 2ml (placer le mq n° 2), trav. dans les boucles arr., demi-b dans la 2ᵉ m. et dans les 5 m. suiv., aug., *7demi-b, aug.* tout autour. Tourner - 234 (252, 270, 288, 306, 324) demi-b faites.

RANGS 2-12 : 2ml, demi-b dans la 2ᵉ m. et dans chaque m. tout autour. Tourner - 234 (252, 270, 288, 306, 324) demi-b faites.

RANG 13 : 2ml, demi-b dans la 2ᵉ m. et dans les 6 m. suiv., aug., *8demi-b, aug.* tout autour. Tourner - 260 (280, 300, 320, 340, 360) demi-b faites.

RANGS 14-26 : 2ml, demi-b dans la 2ᵉ m. et dans chaque m. tout autour, joindre par une mc à la 1ʳᵉ demi-b. Tourner - 260 (280, 300, 320, 340, 360) demi-b faites.

à ** une fois, rép de * à * une fois, rép de ** à ** une fois, joindre par une mc à la 1ʳᵉ demi-b et passer au fil B. Ne pas tourner; 304 (328, 352, 376, 400, 424) demi-b-arr.-tige faites.

ROND 4 : 2ml, demi-b dans la même m. que la mc, mc dans la demi-b-arr.-tige suiv., *2demi-b, mc*. Rép 69 (75, 81, 87, 93, 99) autres fois, **((2demi-b, mc) dans la demi-b-arr.-tige suiv., 2demi-b, mc) 3 fois, (2demi-b, mc) dans la demi-b-arr.-tige suiv.**, rép de * à * 71 (77, 83, 89, 95, 101) fois, rép de ** à ** une fois, joindre par une mc à la 1ʳᵉ demi-b-arr.-tige et passer au fil A. Ne pas tourner; 312 (336, 360, 384, 408, 432) demi-b faites.

ROND 5 : 2ml, demi-b-arr.-tige dans la demi-b suiv., sauter mc, *2demi-b-arr.-tige, sauter mc*. Rép 71 (77, 83, 89, 95, 101) autres fois, **2demi-b-arr.-tige dans la demi-b suiv., 1ml, 2demi-b-arr.-tige dans la demi-b suiv., sauter mc**, rép de * à * 3 fois, rép de ** à ** une fois, rép de * à * 73 (79, 85, 91, 97, 103) fois, rép de ** à ** une fois, rép de * à * 3 fois, rép de ** à ** une fois, joindre par une mc à la 1ʳᵉ demi-b et passer au fil B. Ne pas tourner - 320 (344, 368, 392, 416, 440) demi-b-arr.-tige faites.

ROND 6 : 2ml, demi-b dans la même m. que la mc, mc dans la demi-b-arr.-tige suiv., *2demi-b, mc*. Rép 72 (78, 84, 90, 96, 102) autres fois, **(2demi-b, mc) dans l'arche de 1ml**, rép de * à * 5 fois, rép de ** à ** une fois, rép de * à * 75 (81, 87, 93, 99, 105) fois, rép de ** à ** une fois, rép de * à * 5 fois, rép de ** à ** une fois, rép de * à * 5 fois, rép de ** à ** une fois, rép de * à *

NIVEAU 3

Trav. en rond.

ROND 1 : 2ml (placer le mq n° 3), trav. dans les boucles arr., demi-b dans la 2ᵉ m. et dans les 17 m. suiv., aug., *19demi-b, aug.* tout autour, joindre par 1mc à la 1ʳᵉ m. - 273 (294, 315, 336, 357, 378) demi-b faites.

ROND 2 : 1ml, ms dans la même m., 3ml, ms, sauter 2 m., petite coquille, sauter 2 m., *ms, 3ml, ms, sauter 2 m., petite coquille, sauter 2 m.*, rép de * à * tout autour, joindre par une mc à la 1ʳᵉ m. - 39 (42, 45, 48, 51, 54) petites coquilles faites.

ROND 3 : mc dans le picot, 6ml (compte comme la 1ʳᵉ b et 3ml maintenant et tout au long), picot dans la b du milieu de la petite coquille, 3ml, *b dans le picot, 3ml, picot dans la b du milieu de la petite co-quille, 3ml*, rép de * à * tout autour, joindre par une mc à la 1ʳᵉ b - 40 (43, 46, 49, 52, 55) b faites.

ROND 4 : 1ml, picot dans la même m., petite co-quille dans le picot suivant, *picot dans l b, petite coquille dans le picot suiv.*, rép de * à * tout autour, joindre par une mc à la 1ʳᵉ ms; 39 (42, 45, 48, 51, 54) petites coquilles faites.

ROND 5 : rép le rond 3.

ROND 6 : rép le rond 4.

ROND 7 : rép le rond 3.

ROND 8 : 1ml, picot dans la même m., 1ml, coquille moyenne dans le picot suiv., 1ml, *picot dans b, 1ml, coquille moyenne dans le picot suiv.*, rép de * à * tout autour, joindre par une mc à la 1ʳᵉ ms - 39 (42, 45, 48, 51, 54) coquilles moyennes faites.

ROND 9 : mc dans le picot, 7ml (compte comme la 1ʳᵉ b et 4ml maintenant et partout), picot dans la b du milieu de la coquille moyenne, 4ml, *b dans le picot, 4ml, picot dans la b du milieu de la coquille moyenne, 4ml *, rép de * à * tout autour, joindre par une mc à la 1ʳᵉ b - 40 (43, 46, 49, 52, 55) b faites.

ROND 10 : rép le rond 8.

ROND 11 : rép le rond 9.

ROND 12 : rép le rond 8.

ROND 13 : rép le rond 9.

ROND 14 : 1ml, picot dans la même m., 2ml, gros-se coquille dans le picot suiv., 2ml, *picot dans la b, 2ml, grosse coquille dans le picot suiv., 2ml*, rép de * à * tout autour, joindre par une mc à la 1ʳᵉ ms - 39 (42, 45, 48, 51, 54) grosses coquilles faites.

ROND 15 : mc dans le picot, 8ml (compte comme la 1ʳᵉ b et 5ml maintenant et tout au long), picot dans la b du milieu de la grosse coquille, 5ml, *b dans le picot, 5ml, picot dans la b du milieu de la grosse coquille, 5ml*, rép de * à * tout autour, joindre par une mc à la 1ʳᵉ b - 40 (43, 46, 49, 52, 55) b faites.

ROND 16 : rép le rond 14.

ROND 17 : rép le rond 15.

ROND 18 : rép le rond 14.

ROND 19 : mc dans le picot, 8ml, ms dans la b du milieu de la grosse coquille, 5ml, *b dans le picot, 5ml, b dans la b du milieu de la grosse coquille, 5ml*, rép de * à * tout autour, joindre par une mc à la 1ʳᵉ b. Ne pas arrêter - 40 (43, 46, 49, 52, 55) b faites.

BORDURE DU NIVEAU 3

ROND 1 : 3ml (compte comme la 1ʳᵉ b maintenant et tout au long), 4b dans la même m., ms dans l'arche de 5ml suiv., 4ml, ms dans l'arche de 5ml suiv., *5b dans la b suiv., ms dans l'arche de 5ml suiv., 4ml, ms dans l'arche de 5ml suiv.*, rép de * à * tout autour, joindre par une mc à la 1ʳᵉ b et passer au fil B - 195 (210, 225, 240, 255, 270) b faites.

ROND 2 : 4ml (compte comme la 1ʳᵉ b et 1ml main-tenant et tout au long), en trav. dans les boucles arr., (b dans la b suiv., 1ml) quatre fois, ms dans l'arche de 4ml, 1ml, *(b dans la b suiv., 1ml) cinq fois, ms dans l'arche de 4ml, 1ml*. Rép de * à * tout autour, joindre par une mc à la 1ʳᵉ b et passer au fil A - 195 (210, 225, 240, 255, 270) b faites.

ROND 3 : 5ml (compte comme la 1ʳᵉ b et 2ml maintenant et tout au long), (b dans la b suiv., 2ml) trois fois, b dans la b suiv., 1ml, *(b dans la b suiv., 2ml) quatre fois, b dans la b suiv., 1ml*. Rép de * à * tout autour, joindre par une mc à la 1ʳᵉ b et passer au fil B et un crochet plus petit - 195 (210, 225, 240, 255, 270) b faites.

ROND 4 : avec un crochet plus petit et utilisant le fil B, mc à la 1ʳᵉ arche de 2ml du rang 3. En trav. dans chaque arche de 1ml et 2ml, picot tout autour. Arrêter - 195 (210, 225, 240, 255, 270) picots faits.

NOTE : la bordure de la fermeture éclair doit être complétée pour pouvoir trav. les directives de la bor-dure du niveau 1.

BORDURE POUR FERMETURE ÉCLAIR

Enlever le mq n° 1. Sur l'end., avec la jupe sur le côté et en trav. de la droite vers la gauche, mc jusqu'à la m. marquée en utilisant le fil A. En trav. dans les tiges arr. des m. depuis la ceinture, demi-b tout autour jusqu'au coin suiv. de la ceinture, ms en descendant et remontant le long du trou de la fer-meture éclair, en plaçant 3ms ens. au coin inférieur en relevant les m. sur le côté droit, en bas et le côté gauche.

BORDURE DU NIVEAU 1

RANG 1 : enlever le mq n° 2. Sur l'end. et avec la jupe inversée, mc jusqu'à la m. marquée en utilisant le fil A. En trav. dans les boucles libres, 3ml,

2b dans la même m., sauter 2 m., ms, 1ml, sauter 1 m., ms, sauter 2 m., *5b dans la m. suiv., sauter 2 m., ms, 1ml, sauter 1 m., ms, sauter 2 m.*, rép de * à * tout autour jusqu'aux 2 dernières m., trav. la fin (3b) dans la même m. en relevant la boucle depuis la tige de la ms de la bordure de la fermeture éclair. Arrêter - 131 (141, 151, 161, 171, 181) b faites.

RANG 2 : avec le fil B, mc dans la boucle arr. de la 1re b du rang 1. 4ml, en trav. dans les boucles arr., b dans la b suiv., 1ml, b dans la b suiv., ms dans l'arche de 1ml, *(b dans la b suiv., 1ml) quatre fois, b dans la b suiv., ms dans l'arche de 1ml*, rép de * à * tout autour jusqu'aux 3 dernières b, (b, 1ml) deux fois, b dans la dernière b. Arrêter - 131 (141, 151, 161, 171, 181) b faites.

RANG 3 : avec le fil A, mc dans la 1re b du rang 2. 5ml, b dans la b suiv., 2ml, 2b ens. tout en sautant la ms suiv., *(2ml, b dans la b suiv.) trois fois, 2ml, 2b ens. tout en sautant la ms suiv.*, rép de * à * tout autour jusqu'aux 2 dernières b, b dans la b suiv., 2ml, b dans la dernière b. Arrêter - 131 (141, 151, 161, 171, 181) b faites.

RANG 4 : avec un crochet plus petit et en utilisant le fil B, mc dans la 1re arche de 2ml du rang 3. En trav. chaque arche de 2ml et espace libre sous les 2b ens., picot tout le long. Arrêter - 130 (140, 150, 160, 170, 180) picots faits.

BORDURE DU NIVEAU 2

ROND 1 : enlever le mq n° 3. Sur l'end. et avec la jupe inversée, mc jusqu'à la m. marquée en utilisant le fil A. Trav. dans les boucles libres, 3ml, 4b dans la même m., sauter 2 m., ms, 3ml, sauter 3 m., ms, sauter 2 m., *5b dans la m. suiv., sauter 2 m., ms, 3ml, sauter 3 m., ms, sauter 2 m.*, rép de * à * tout autour, joindre par une mc à la 1re b et passer au fil B - 130 (140, 150, 160, 170, 180) b faites.

ROND 2 : 4ml, trav. dans les boucles arr., (b dans la b suiv., 1ml) quatre fois, ms dans l'arche de 3ml, 1ml, *(b dans la b suiv., 1ml) cinq fois, ms dans l'arche de 3ml, 1ml*, rép de * à * tout autour, joindre par une mc à la 1re b et passer au fil A - 130 (140, 150, 160, 170, 180) b faites.

ROND 3 : 5ml, (b dans la b suiv., 2ml) trois fois, b dans la b suiv., sauter (1ml, ms, 1ml), *(b dans la b suiv., 2ml) quatre fois, b dans la b suiv., (1ml, ms, 1ml)*, rép de * à * tout autour, joindre par une mc à la 1re b et passer au fil B et à un crochet plus petit - 130 (140, 150, 160, 170, 180) b faites.

ROND 4 : avec un crochet plus petit et utilisant le fil B, mc à la 1re arche de 2ml du rang 3. En trav. dans chaque arche de 2ml et dans l'espace libre là où la dernière et la 1re b de chaque grosse coquille se rencontrent, picot tout autour. Joindre par 1mc à la 1re ms. Arrêter - 130 (140, 150, 160, 170, 180) picots faits.

FINITIONS

Avec une aiguille à laine, rentrer les fils dans les mailles. Coudre la fermeture éclair en alignant les arrêts du haut au point de rencontre de la ceinture et du niveau 1. La tirette de la fermeture éclair doit être nichée là où la bordure passe des demi-b aux ms. Coudre les boutons de l'autre côté de la ceinture, de façon que les bords se touchent sans se chevaucher.

MINIJUPE
forestière

amy swenson

TAILLES

P (M, G, TG)

DIMENSIONS FINALES

TOUR DE HANCHES : 91 (101, 112, 122) cm

LONGUEUR DE LA TAILLE À L'OURLET :
38 cm pour toutes les tailles

FIL

FIL A : Rowan Felted Tweed (50 % laine mérinos,
25 % alpaga, 25 % viscose; 175 m/50 g) :
3 (3, 4, 4) écheveaux. Bleuet (151)

FIL B : Rowan Felted Tweed (50 % laine mérinos, 25 % alpaga, 25 % viscose; 175 m/50 g) :
1 (1, 2, 2) écheveau(x). Soupir (148)

SUBSTITUTION : approx. 350-500 m de fil
DK-weight de couleur foncée et 100-250 m
de fil DK-weight de couleur claire. Rechercher
un fil qui tricote 10 cm sur 22-24 m.

CROCHET

3,25 mm ou la taille nécessaire pour obtenir
l'échantillon correct

FOURNITURE

Aiguille à laine

ÉCHANTILLON

Chaque carré mesure 10 cm après blocage

Cette minijupe moderne et romantique a été conçue en mettant au goût du jour un motif de roses de style victorien à l'aide d'un fil de tweed alpaga très court. Chaque carré est crocheté séparément, puis attaché par un filet décoratif au crochet. Ajoutez une ceinture façonnée et vous êtes prête pour une promenade en forêt. À porter sur un jupon en soie, des jambières ou osez les jambes nues.

conseil

La longueur de la jupe peut facilement être ajustée en ajoutant des rangs de carrés. Chaque rang ajoutera environ 10 cm.

MOTIF DE ROSES

Trav. en ronds sans joindre.

Avec le fil B, chaînette de base de 8ml, joindre par 1mc pour former un anneau.

ROND 1 : 3ml, 3b dans l'anneau, 4ml, (4b dans l'anneau, 4ml) trois fois, joindre par 1mc au haut des 3ml.

ROND 2 : ms dans la ch pour tourner et les 3b suiv., (6 ms dans l'arche de 4ml, ms dans les 4b suiv.) trois fois, joindre par 1mc à la 1re ms. Arrêter.

ROND 3 : passer au fil A. Mc pour joindre entre les 2e et 3e ms du rond précédent. 4ml, b dans la même m. 10ml, (b entre la 2e et la 3e ms du gr suiv., 1ml, b au même endroit, 10ml) trois fois, joindre par 1mc dans la 3e m. des 4ml.

ROND 4 : Mc à la 1re arche de 10ml, trav. 15ms sur l'arche de 10ml, 5ml, (15ms sur l'arche de 10ml suiv., 5ml) trois fois. Ne pas joindre.

ROND 5 : sauter la 1re ms, ms dans chacune des 13ms suiv., sauter la ms finale dans le gr, 5ml, ms dans l'arche de 5ml, 5ml, (sauter la 1re ms, ms dans les 13ms suiv., sauter la ms finale, 5ml, 1ms dans l'arche de 5ml) trois autres fois. Ne pas joindre.

ROND 6 : (sauter la 1re ms, ms dans chacune des 11ms suiv., sauter la ms finale dans le gr, 5ml, ms dans l'arche de 5ml, 5ml, ms dans l'arche de 5ml, 5ml) quatre fois tout autour. Joindre par 1mc à la 2e ms du rond. Arrêter et rentrer les fils.

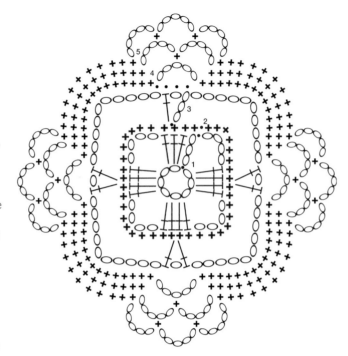

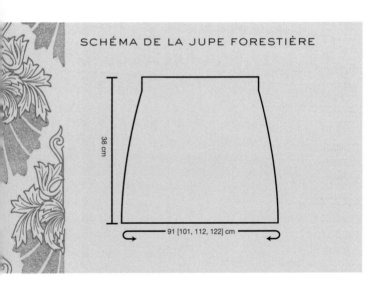

SCHÉMA DE LA JUPE FORESTIÈRE

38 cm

91 [101, 112, 122] cm

INSTRUCTIONS

Il est essentiel d'obtenir un échantillon correct pour chaque carré, après blocage, pour créer une jupe de la taille exacte désirée. S'assurer que l'échantillon est correct avant de cont. !

Trav. 36 (40, 44, 48) carrés. Bloquer à la vapeur.

ASSEMBLAGE

Coudre les carrés en un rectangle de 9 (10, 11, 12) carrés de long et de 4 carrés de haut. Coudre les côtés courts pour former un tube. Rentrer les fils.

CEINTURE

Trav. en ronds sans tourner.

ROND 1 : rattacher le fil A par 1mc au milieu du haut d'un carré. (9ml, ms dans l'arche de ch suiv., 6ml, b dans l'arche de 2ml suiv., 6ml, ms dans l'arche de ch suiv., 9ml, mc dans la ms du milieu du carré) tout autour du bord supérieur de la jupe. Joindre par 1ms dans la mc du début.

ROND 2 : 3 mc dans la 1re arche de ch, (ms dans l'arche de ch, 6ml) tout autour.

ROND 3 : comme pour le rond 2.

ROND 4 : 1ml, 3ms dans chaque arche de ch tout autour, mc pour joindre.

RONDS 5-10 : 2ml, demi-b tout autour, mc pour joindre. Arrêter.

FINITIONS

Rentrer les fils. Bloquer légèrement à la vapeur. Coudre une doublure si désirée ou porter sur des jambières ou un jupon.

CHAPITRE QUATRE

PETITS LUXES

des accessoires sensuels pour ajouter à vos tenues

ÉTOLE
vintage en dentelle

dana codding

TAILLE

TAILLE UNIQUE

DIMENSIONS FINALES

15 cm par 112 cm

FIL

Schaefer Andrea (100 % soie cultivée;
999 m/100 g): 1 écheveau,
bleu/violet/vert bigarré

SUBSTITUTION : approx. 300 m de fil
lace-weight

CROCHET

Acier 1,5 mm ou la taille nécessaire pour obtenir
l'échantillon

FOURNITURE

Toute petite aiguille à laine ou aiguille à broder

ÉCHANTILLON

Une fois bloqué, chaque carré mesure 5,75 cm.
L'échantillon n'est pas important car des fils plus
lourds donneront une étole plus large.

Je n'ai jamais aimé les grands châles triangulaires. J'avais toujours l'impression qu'ils allaient tomber et m'encombrer. C'est avec cette idée en tête que j'ai commencé à créer cette étole minuscule, juste assez grande pour couvrir mes épaules et ajouter un petit quelque chose de spécial à ma petite robe noire. Cette bande de soie, vive et séduisante, est juste l'élément qu'il faut pour égayer une tenue trop formelle ou ajouter de la sensualité à un tee-shirt et un jean. Elle peut aussi être crochetée en laine, mais elle n'aura pas la même brillance. Pour une étole plus large, travailler simplement plus de motifs.

Dana Codding est géologue et professeure de tricot à Calgary. Elle adore moderniser des vieux modèles de tricot et de crochet et jouer avec les textures.

POINTS SPÉCIAUX

GR (GROUPE) : db dans les 5db suiv. en gardant la dernière boucle de chaque db sur le crochet - 5 boucles sur le crochet; 1 jeté et tirer le fil à travers les 5 boucles.

JOINDRE : joindre par 1mc pour fermer le rond.

POINT FANTAISIE

MOTIF SIMPLE

ROND 1 : 11 ml. Joindre.

ROND 2 : 16ms dans l'anneau. Joindre.

ROND 3 : 4ml, 4db dans la même ms qu'à la jointure. *2ml, sauter 1ms, 5db dans la ms suiv.* 7 fois. 2ml, joindre à la m. du haut de 4ml - 8 groupes de db faits.

ROND 4 : 4ml, db dans les 4db suiv., en gardant la dernière boucle de chaque db et la dernière ml de 4ml sur le crochet. 5 boucles sur le crochet. 1 jeté et tirer le fil à travers les 5 boucles. 16ml. *Sauter 2 arches de ch, gr, 10ml, sauter 2 arches de ch, gr, 16ml* jusqu'à la dernière série de db, gr, 10ml, joindre à la ml du haut de 4ml.

RELIER À UN MOTIF

Trav. les ronds 13 du motif simple.

ROND 4 : 4ml, db dans les 4db suiv., en gardant la dernière boucle de chaque db et la dernière boucle de 4ml sur le crochet. 5 boucles sur le crochet. 1 jeté et tirer le fil à travers les 5 boucles. 8ml, mc pour joindre à l'arche de 16ml du motif précédent, 8ml. Sauter 2 arches de ch, gr, 5ml, mc pour joindre à l'arche de 10ml du motif précédent, 5ml, sauter 2 arches de ch, gr, 8ml, mc pour joindre à l'arche de 16ml du motif précédent, 8ml. La jointure est complète.

*Sauter 2 arches de ch, gr, 10ml, sauter 2 arches de ch, gr, 16ml.

Rép de * à la dernière série de db, gr, 10ml, joindre à la ml du haut de 4ml.

RELIER À DEUX MOTIFS

Trav. les ronds 13 du motif simple.

ROND 4 : 4ml, db dans les 4db suiv., en gardant la dernière boucle de chaque db et la dernière boucle de 4ml sur le crochet. 5 boucles sur le crochet. 1 jeté et tirer le fil à travers les 5 boucles. *8ml, mc pour joindre à l'arche de 16ml du motif précédent, 8ml. Sauter 2 arches de ch, gr, 5ml, mc pour joindre à l'arche de 10ml du motif précédent, 5ml, sauter 2 arches de ch, gr. Rép de * une autre fois. 8ml, mc pour joindre l'arche de 16ml du motif précédent, 8ml. La jointure est complète. *Sauter 2 arches de ch, gr, 10ml, sauter 2 arches de ch, gr, 16ml. Rép de * à la dernière série de db, gr, 10ml, joindre à la ml du haut de 4ml.

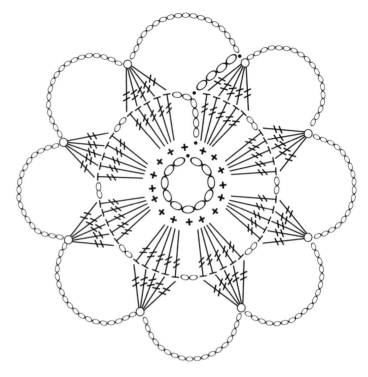

a	3	2	1

b	3	2	1
			4

c	3	2	1
	6	5	4

ÉTOLE

RANG 1 : faire le premier motif selon le modèle ci-dessus.

Second et troisième motifs :

Trav. *Relier à un motif*, ci-dessus (voir grille A). Trois motifs (un rang) faits.

RANG 2 :

Premier motif :

Trav. *Relier à un motif*, ci-dessus. Relier au motif 1 (voir diagramme B).

Second et troisième motifs :

Trav. *Relier à deux motifs*, ci-dessus. Relier au coin entre 2 et 4, puis le coin entre 5 et 3 (voir diagramme C).

Répéter le rang 2 jusqu'à avoir complété 22 rangs ou jusqu'à ce que l'étole mesure 112 cm de long.

FINITIONS

Avec l'aiguille à laine, rentrer soigneusement les fils.

Plonger l'étole dans l'eau chaude et bloquer aux dimensions.

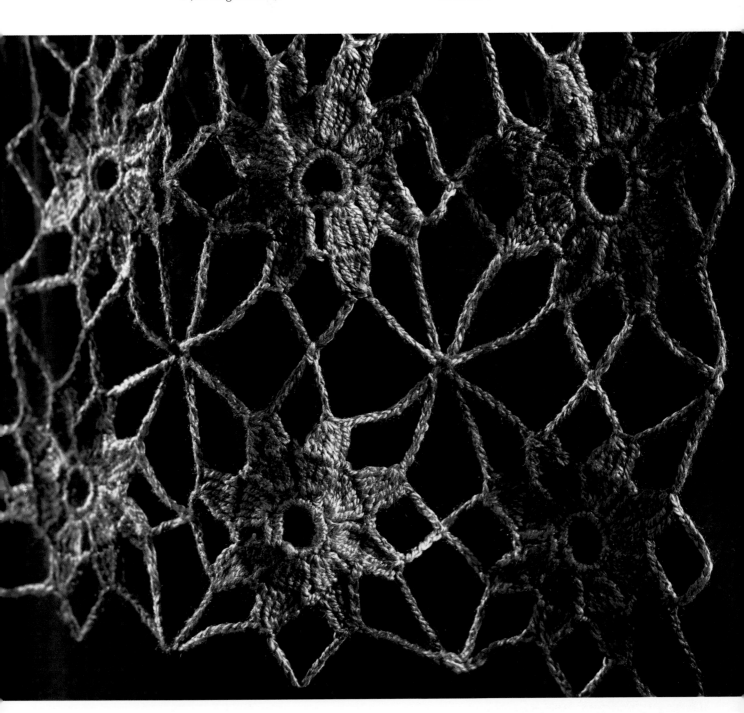

BOLÉRO
refuge

amy swenson

TAILLES

P (M, G, TG)

DIMENSIONS FINALES

TOUR DE POITRINE :
81 (89, 95, 102) cm

FIL

Alchemy Sanctuary (70 % laine mérinos,
30 % soie; 114 m/50 g): 7 (8, 8, 9) écheveaux.
Bleu océan (02w)

SUBSTITUTION : approx. 800-1 200 m de fil
sport-weight. Rechercher un fil qui tricote
10 cm sur 23-25 m.

CROCHET

3,5 mm ou la taille nécessaire pour obtenir
l'échantillon correct

FOURNITURE

Aiguille à laine

ÉCHANTILLON

Échantillon correct pour ce projet:

Chaînette de base de 22 ml.

Trav. les rangs 1-3 du motif, puis les rangs
2 et 3 deux autres fois.

Bloquer délicatement.

L'échantillon doit mesurer 10 cm de large
sur 10 cm de haut.

Ce boléro contemporain court en dentelle est aussi joli sur une robe de cocktail sexy le soir que sur une camisole et un jean le jour. Crocheté dans un luxueux mélange de soie et de mérinos teint à la main, c'est un délice à porter à même la peau. Avec ses devants façonnés en style jaquette et ses manches à mi-coude, le boléro est un atout à longueur d'année.

conseil

La coupe est conçue pour être légèrement plus petite que vos dimensions réelles de buste.

POINT SPÉCIAL

B-V (BRIDES EN V) : (2b, 1ml, 2b)

MOTIF CONTEMPORAIN EN DENTELLE

Trav. sur un multiple de 6 m. plus 4.

RANG DE DENTELLE 1 : b-V dans la 6e ml depuis le crochet, (1ml, sauter 6ml, b-V dans la ml suiv.) rép jusqu'aux 3 dernières ml, finir par 1b-V, sauter 2ml, b dans la dernière ml. Tourner.

RANG DE DENTELLE 2 : 3ml, [b-V dans la b-V précédente, (ml, ms, ml) dans l'arche de ch suiv.] rép jusqu'à la dernière b-V, finir par 1b-V dans la dernière b-V, b dans la ch pour tourner. Tourner.

RANG DE DENTELLE 3 : 3ml, (b-V dans l'arche de ch précédente, 1ml) jusqu'à la dernière b-V, finir par 1b-V dans la dernière b-V, b dans la ch pour tourner. Tourner.

Rép les rangs 2 et 3 du motif.

DOS

Chaînette de base de 76 (82, 88, 94) ml. Trav. en motif contemporain en dentelle jusqu'à ce que le morceau mesure 15 cm, finir en ayant juste fini le rang 3.

FAÇONNAGE DE L'EMMANCHURE

RANG DE FAÇONNAGE 1 : 1ml, trav. 1ms dans chaque m. et arche de ch de la 1re b-V, ms dans l'arche de ch suiv. (1 dim. faite), commençant par 1ml, cont. avec le rang 2 du motif pendant 10 (11, 12, 13) répétitions, finir par 1ml, ms dans l'arche de ch avant la dernière b-V. Tourner.

RANG DE FAÇONNAGE 2 : 1ml, mc dans la 1re b, ms dans la b suiv. et ms dans l'arche de ch, 4ml, 2b dans la même arche de ch, cont. avec le rang 3 du motif en dentelle. Dans la dernière b-V, 2b 1ml, b dans la dernière arche de ch. Tourner.

RANG DE FAÇONNAGE 3 : 4ml, 2b dans la 1re arche de ch, trav. dans le rang 2 du motif en dentelle jusqu'à la dernière b-V, finir par 2b 1ml, b dans la dernière arche de ch**. Tourner.

Cont. égal en répétant le rang de façonnage 3, jusqu'à ce que l'emmanchure mesure 16 (18, 19, 20) cm depuis le début du façonnage, en term. en ayant juste complété le rang 3 du motif en dentelle.

FAÇONNAGE DE L'ENCOLURE

RANG 1 : 4ml, 2b dans la 1re arche de ch, 1ml, ms dans l'arche de ch suiv., 1ml. B-V dans l'arche de ch suiv., 1ml, ms dans l'arche de ch, 1ml, 2b dans l'arche de ch. Tourner.

RANG 2 : 1ml. B-V dans la 3e arche de ch, 1ml, b-V dans la dernière arche de ch. Arrêter le fil.

Rattacher le fil à l'autre bord d'emmanchure, trav.

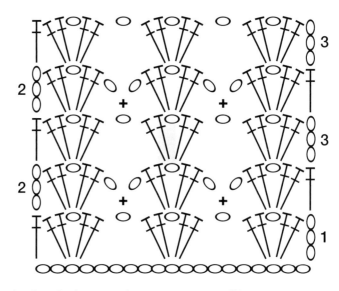

les deux derniers rangs de nouveau pour compléter l'autre côté de l'encolure.

DEVANT GAUCHE

Chaînette de base de 16 (22, 28, 34) ml.

Trav. le rang de dentelle 1. Tourner.

AUGMENTATIONS DU DEVANT GAUCHE

RANG D'AUG. 1 : trav. le rang de dentelle 2 jusqu'à la fin du rang; b-V dans la ch pour tourner. Tourner.

RANG D'AUG. 2 : 4ml, 2b dans la 1re arche de ch, 1ml, cont. comme pour le rang de dentelle 3 jusqu'à la fin. Tourner.

RANG D'AUG. 3 : trav. le rang de dentelle 2 jusqu'à la fin du rang. B-V dans la ch pour tourner. Tourner.

RANG D'AUG. 4 : 4ml, trav. comme pour le rang de dentelle 3 jusqu'à la fin. Tourner.

Rép les rangs d'aug. 1-4 une autre fois, puis les rangs d'aug. 1-3 une autre fois.

Sur le rang suiv., 3ml, trav. comme pour le rang de dentelle 3 jusqu'à la fin. Tourner.

FAÇONNAGE DE L'EMMANCHURE

Trav. le façonnage de l'emmanchure comme pour le dos, en term. là où indiqué par **.

Trav. 2 rangs sans façonnage en motif en dentelle.

FAÇONNAGE DU COU

RANG 1 : 1ml, m dans la 2e b, 2ml, 2b dans l'arche de ch, cont. tout le long du rang comme pour le rang de dentelle 3. Tourner.

RANG 2 : 4ml, 2b dans l'arche de ch suiv. [(1ml, ms dans l'arche de ch suiv., 1ml), b-V dans l'arche de ch suiv.] 2 (3, 4, 5) fois, 1ml, ms dans l'arche de ch, 1ml, b dans la dernière arche de ch. Tourner.

RANG 7 : 4ml, 2b dans l'arche de ch [(1ml, ms dans l'arche de ch suiv., 1ml) b-V dans l'arche de ch suiv.] 2 fois, 1ml, ms dans l'arche de ch, 1ml, b dans la dernière arche de ch. Tourner.

RANG 8 : 1ml, trav. comme pour le rang de dentelle 3. Tourner.

RANG 9 : 4ml, 2b dans l'arche de ch [(1ml, ms dans l'arche de ch suiv., 1ml), b-V dans l'arche de ch suiv)] 1 fois, 1ml, ms dans l'arche de ch, 1ml, b dans la dernière arche de ch. Tourner.

RANG 10 : 3ml, trav. comme pour le rang 3. Tourner.

Pour la taille TG seulement

RANG 6 : 1ml, mc dans la 2ᵉ b, 2ml, 2b dans l'arche de ch, cont. tout le long du rang comme pour le rang de dentelle 3. Tourner.

RANG 7 : 4ml, 2b dans l'arche de ch [(1ml, ms dans l'arche de ch suiv., 1ml), b-V dans l'arche de ch suiv.] 3 fois, 1ml, ms dans l'arche de ch, 1ml, b dans la dernière arche de ch. Tourner.

RANG 8 : 1ml, trav. comme pour le rang de dentelle 3. Tourner.

RANG 9 : 4ml, 2b dans l'arche de ch [(1ml, ms dans l'arche de ch suiv., 1ml), b-V dans l'arche de ch suiv.] 2 fois, 1ml, ms dans l'arche de ch, 1ml, b dans la dernière arche de ch. Tourner.

RANG 10 : 3ml, trav. comme pour le rang de dentelle 3. Tourner.

RANG 11 : 4ml, 2b dans l'arche de ch [(1ml, ms dans l'arche de ch suiv., 1ml), b-V dans l'arche de ch suiv.] 1 fois, 1ml, ms dans l'arche de ch, 1ml, b dans la dernière arche de ch. Tourner.

RANG 12 : 1ml, trav. comme pour le rang de dentelle 3. Tourner.

Pour toutes les tailles

Trav. égal, en répétant les rangs 2 et 3 du motif en dentelle jusqu'à ce que le devant ait la même longueur que le dos à l'épaule. Arrêter le fil.

DEVANT DROIT

Chaînette de base de 15 (21, 27, 33) ml.

Trav. le rang 1 du motif en dentelle. Tourner.

RANGS D'AUGMENTATIONS DU DEVANT

RANG D'AUG. 1 : 4ml, 2b dans la 1ʳᵉ arche de ch, cont. comme pour le rang de dentelle 2 jusqu'à la fin. Tourner.

RANG D'AUG. 2 : trav. le rang de dentelle 3 jusqu'aux 4 dernières b, 1ml, sauter 4b, b-V dans l'arche de 4ml finale. Tourner.

RANG D'AUG. 3 : 3ml, (b, 1ml, 2b) dans la 1ʳᵉ arche de ch, cont. comme pour le rang 2 jusqu'à la fin. Tourner.

RANG 3 : 1ml, trav. comme pour le rang de dentelle 3. Tourner.

RANG 4 : 4ml, 2b dans l'arche de ch suiv. [(1ml, ms dans l'arche de ch suiv., 1ml), b-V dans l'arche de ch suiv.] 1 (2, 3, 4) fois, 1ml, ms dans l'arche de ch suiv., 1ml, b dans la dernière arche de ch. Tourner.

RANG 5 : 3ml, trav. comme pour le rang de dentelle 3. Tourner.

Pour la taille M seulement

RANG 6 : 1ml, mc dans la 2ᵉ b, 2ml, 2b dans l'arche de ch, cont. tout le long du rang comme pour le rang de dentelle 3. Tourner.

RANG 7 : 4ml, 2b dans l'arche de ch [(1ml, ms dans l'arche de ch suiv., 1ml), b-V dans l'arche de ch suiv.] 1 fois, 1 ml, ms dans l'arche de ch, 1ml, b dans la dernière arche de ch. Tourner.

RANG 8 : 1ml, trav. comme pour le rang de dentelle 3. Tourner.

Pour la taille G seulement

RANG 6 : 1ml, mc dans la 2ᵉ b, 2ml, 2b dans l'arche de ch, cont. tout le long du rang comme pour le rang de dentelle 3. Tourner.

RANG D'AUG. 4 : trav. le rang de dentelle 3 jusqu'à la dernière m., 1ml, b dans la dernière b. Tourner. Rép les 4 derniers rangs deux autres fois.

FAÇONNAGE DE L'EMMANCHURE

Trav. le façonnage de l'emmanchure comme pour le dos, en term. là où indiqué par **, comme pour le rang 2 du motif.

Trav. 2 rangs égal, comme pour le motif.

FAÇONNAGE DU COU

TAILLE P SEULEMENT

RANG 1 : trav. comme pour le rang de dentelle 3 jusqu'à la b-V finale, 2b dans l'arche de ch, 2ml, mc dans la 2e b.

RANG 2 : 1ml, mc dans la 1re arche de ch et b, 4ml, ms dans l'arche de ch, 1ml, finir le rang comme pour le rang de dentelle 2. Tourner.

RANG 3 : trav. comme pour le rang de dentelle 3. Tourner.

RANG 4 : 1ml, mc dans la 1re 2b et arche de ch, 4ml, ms dans l'arche de ch, 1ml, finir le rang comme pour le rang de dentelle 2. Tourner.

RANG 5 : 4ml, 2b dans l'arche de ch, 1ml, b-V dans la b-V suiv., b dans l'arche de 4ml. Tourner.

TAILLE M SEULEMENT

RANG 1 : trav. comme pour le rang de dentelle 3 jusqu'à la b-V finale, 2b dans l'arche de ch, 2ml, mc dans la 2e b. Tourner.

RANG 2 : 1ml, mc dans la 1re arche de ch et b, 4ml, ms dans l'arche de ch, 1ml, finir le rang comme pour le rang de dentelle 2. Tourner.

RANG 3 : trav. comme pour le rang de dentelle 3. Tourner.

RANG 4 : 1ml, mc dans la 1re 2b et arche de ch, 4ml, ms dans l'arche de ch, 1ml, finir le rang comme pour le rang de dentelle 2. Tourner.

RANG 5 : 4ml, 2b dans l'arche de ch, 1ml, b-V dans les deux b-V suiv., b dans l'arche de 4ml. Tourner.

RANG 6 : 1ml, mc dans la 1re arche de ch et b, 4ml, ms dans l'arche de ch, 1ml, finir le rang comme pour le rang de dentelle 2. Tourner.

RANG 7 : trav. comme pour le rang de dentelle 3. Tourner.

TAILLE G SEULEMENT

RANG 1 : trav. comme pour le rang de dentelle 3 jusqu'à la b-V finale, 2b dans la dernière arche de ch, 2ml, mc dans la 2e b. Tourner.

RANG 2 : 1ml, mc dans la 1re arche de ch et 1re b, 4ml, ms dans l'arche de ch suiv., 1ml, finir comme pour le rang de dentelle 2. Tourner.

RANG 3 : trav. comme pour le rang de dentelle 3. Tourner.

RANG 4 : 1ml, mc dans les 2 premières b et arches de ch, 4ml, ms dans l'arche de ch, 1ml, finir comme pour le rang de dentelle 2. Tourner.

RANG 5 : 4ml, 2b dans l'arche de ch, 1ml, b-V dans chacune des deux b-V suiv., b dans l'arche de 4ml. Tourner.

RANG 6 : 1ml, mc dans la 1re arche de ch et b, 4ml, ms dans l'arche de ch, 1ml, finir comme pour le rang de dentelle 2. Tourner.

RANG 7 : trav. comme pour le rang de dentelle 3. Tourner.

RANG 8 : 1ml, mc dans les 2 premières b et arches de ch, 4ml, ms dans l'arche de ch, 1ml, finir comme pour le rang de dentelle 2. Tourner.

RANG 9 : 4ml, 2b dans l'arche de ch, 1ml, b-V dans la b-V suiv., b dans l'arche de 4ml. Tourner.

RANG 10 : 1ml, mc dans la 1re arche de ch et b, 4ml, ms dans l'arche de ch suiv., 1ml, finir comme pour le rang de dentelle 2. Tourner.

RANG 11 : trav. comme pour le rang de dentelle 3. Tourner.

TAILLE TG SEULEMENT

RANG 1 : trav. comme pour le rang de dentelle 3 jusqu'à la b-V finale, 2b dans l'arche de ch, 2ml, mc dans la 2e b. Tourner.

RANG 2 : 1ml, mc dans la 1re arche de ch et, b 4ml, ms dans l'arche de ch, 1ml, finir comme pour le rang de dentelle 2. Tourner.

RANG 3 : trav. comme pour le rang de dentelle 3. Tourner.

RANG 4 : 1ml, mc dans les 2 premières b et arches de ch, 4ml, ms dans l'arche de ch, 1ml, finir comme pour le rang de dentelle 2. Tourner.

RANG 5 : 4ml, 2b dans l'arche de ch, 1ml, b-V dans chacune des 3 b-V suiv., b dans l'arche de 4ml. Tourner.

RANG 6 : 1ml, mc dans la 1re arche de ch et b, 4ml, ms dans l'arche de ch, 1ml, finir comme pour le rang de dentelle 2. Tourner.

RANG 7 : trav. comme pour le rang de dentelle 3. Tourner.

RANG 8 : 1ml, mc dans les 2 premières b et arches de ch, 4ml, ms dans l'arche de ch, 1ml, finir comme pour le rang de dentelle 2. Tourner.

RANG 9 : 4ml, 2b dans l'arche de ch, 1ml, b-V dans les 2 b-V suiv., b dans l'arche de 4ml. Tourner.

RANG 10 : 1ml, mc dans les 2 premières b et arches de ch, 4ml, ms dans l'arche de ch, 1ml, finir le rang comme pour le rang de dentelle 2. Tourner.

RANG 11 : 4ml, 2b dans l'arche de ch, 1ml, b-V dans la b-V suiv., b dans l'arche de 4ml. Tourner.

RANG 12 : 1ml, mc dans la 1re arche de ch et b, 4ml, ms dans l'arche de ch, 1ml, finir le rang comme pour le rang de dentelle 2. Tourner.

RANG 13 : trav. comme pour le rang de dentelle 3. Tourner.

Pour toutes les tailles

Cont. égal dans le motif tel qu'indiqué jusqu'à ce que la longueur du devant soit la même que celle du dos aux épaules. Arrêter le fil.

MANCHES (2)

Chaînette de base de 58 (58, 64, 64) ml.

Commençant par le rang de dentelle 1, trav. dans le motif jusqu'à ce que la manche mesure 11 cm depuis le début, en term. en ayant juste complété le rang de dentelle 2.

FAÇONNAGE DES MANCHES

RANG D'AUG. 1 : 3ml, b dans le haut de la 1re b, 1ml, trav. comme pour le rang de dentelle 3, finir par 1ml, 2b dans la ch pour tourner. Tourner.

RANG D'AUG. 2 : 3ml, b dans la 1re b, 1ml, ms dans l'arche de ch, 1ml, trav. comme pour le rang de dentelle 2 jusqu'à la dernière arche de 1ml, 1ml, ms dans l'arche de ch, 1ml, 2b dans la ch pour tourner. Tourner.

RANG D'AUG. 3 : 3ml, b dans la haut de la 1re b, 1ml, trav. comme pour le rang de dentelle 3 jusqu'à la dernière arche de 3ml, 1ml, 2b dans la ch pour tourner. Tourner.

RANG D'AUG. 4 : 3ml, b dans la 1re b, 1ml, ms dans l'arche de ch, 1ml, trav. comme pour le rang de dentelle 2 jusqu'à la dernière arche de 1ml, 1ml, ms dans l'arche de ch, 1ml, 2b dans la ch pour tourner. Tourner.

RANG D'AUG. 5 : 4ml, 2b dans le haut de la 1re b, 1ml, trav. comme pour le rang de dentelle 3 en term. par 1 b-V dans la ch pour tourner. Tourner.

RANG D'AUG. 6 : 3ml, b-V dans la 1re arche de ch, trav. comme pour le rang de dentelle 2 jusqu'à la fin, b-V dans la ch pour tourner. Tourner.

RANG D'AUG. 7 : trav. comme pour le rang de dentelle, en plaçant la b finale dans la ch pour tourner. Tourner.

RANG D'AUG. 8 : comme pour le rang 2 du motif. Tourner.

Trav. les rangs 1-8 du motif d'aug. 2 (2, 3, 3) fois, puis trav. le rang de dentelle 3 une fois.

FAÇONNAGE DE LA TÊTE DE MANCHE

RANG 1 : 4ml, ms dans la 1re arche de ch, 1ml, dans la b-V suiv., (1ml, ms, 1ml) dans l'arche de ch suiv., trav. comme pour le rang de dentelle 2 jusqu'à la dernière demi b-V, b dans la ch pour tourner. Tourner.

RANG 2 : 3ml, trav. comme pour le rang de dentelle 3, en plaçant la b finale dans les 4ch pour tourner. Tourner.

RANG 3 : 2ml, ms dans la 2e et 3e b, 2ml, 2b dans l'arche de ch, trav. comme pour le rang de dentelle 2 jusqu'à la dernière b-V, 2b dans l'arche de ch. Tourner.

Rép les 2 derniers rangs 3 (3, 3, 4) autres fois. Arrêter le fil.

FINITIONS

Bloquer légèrement à la vapeur. Assembler les épaules. Placer les têtes de manche dans les emmanchures. Coudre les manches et les côtés. Rentrer les fils.

Encolure

Commençant au bord arrière droit de l'encolure, attacher le fil par 1mc. Trav. égal tout autour du cou, faire un rang de ms. Mc pour joindre.

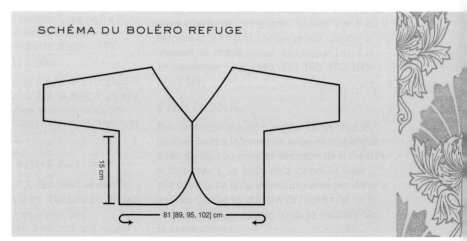

SCHÉMA DU BOLÉRO REFUGE

15 cm

81 [89, 95, 102] cm

ÉCHARPE
hors normes

amy o'neill houck

Le mélange alpaga et soie crée un tissu très sensuel.
Le crochet glisse facilement et le drapé est magnifique.
Ce petit ouvrage s'inspire de mon amour des lignes et des
boîtes (quand mon esprit erre, c'est à cela que je pense).
À porter autour du cou ou de la taille pour un style plus
tendance.

TAILLES

Taille unique

DIMENSIONS FINALES

LONGUEUR :

91 cm incluant la ruche de la bordure

LARGEUR : 10 cm après blocage

LARGEUR DE LA RUCHE :

20 cm au point le plus large après blocage

FIL

BLUE SKY ALPACAS ALPACA/SILK
(50 % alpaga, 50 % soie; 133 m/50 g) :
1 pelote. Blanc (120)

SUBSTITUTION : approx. 130 m de fil sport-
weight qui tricote 10 cm sur 24 m. en jersey.

CROCHET

4,0 mm

FOURNITURE

Aiguille à laine

ÉCHANTILLON

16 ms pour 10 cm avec le crochet 4,0 mm

conseils

L'échantillon n'est pas essentiel pour cette écharpe parce qu'il n'y a pas de
tailles, mais s'il est beaucoup plus large que les mesures données, vous aurez
besoin de plus de fil.

Ce motif est conçu pour créer une écharpe courte à porter au ras du cou
ou autour de la taille. Si vous avez beaucoup de fil et voulez une écharpe plus
longue, faites votre chaînette de base à la longueur désirée (moins la ruche),
en vous assurant que votre rang de base est un multiple de 4, plus 2.

Ce projet utilise la maille serrée de base (msb) qui crée un premier rang
de ms sans chaînette. De cette façon, aucune partie du projet n'est moins
extensible qu'une autre (les chaînettes de base sont souvent trop serrées).
Cette technique est idéale pour cette écharpe qui est travaillée en partant
du centre parce qu'il est facile d'ajouter un autre rang à partir de la base.
Une fois la technique maîtrisée, vous l'appliquerez à des tas de projets.
Voir la section *POINTS SPÉCIAUX* ci-dessous.

Amy O'Neill Houck est auteure et designer de modèles de crochets et
tricots. Sa grand-mère lui a appris à crocheter quand elle avait huit ans,
et elle a fait des chapeaux originaux avant de commencer à concevoir
professionnellement en 2002. Les écrits et designs d'Amy se trouvent
dans Crochet Today, Interweave Crochet *et* Crochet Me
ainsi qu'auprès des fabricants de fils et dans de nombreux livres.
Elle est l'auteure du livre Color Book of Felted Crochet.
On peut discuter avec elle à The Hook and I *(hookandi.blogspot.com).*

POINTS SPÉCIAUX

COQUILLE : 8b toutes travaillées dans l'arche de ch indiquée.

MSB (maille serrée de base) : 2ml, piquer le crochet dans la 2ᵉ ml depuis le crochet, ramener une boucle, 1ml, 1 jeté, tirer le fil à travers les deux boucles sur le crochet; piquer le crochet dans la 1ml juste faite, ramener une boucle, 1ml, 1 jeté, tirer le fil à travers les deux boucles sur le crochet, rép de * pour former la msb.

ÉCHARPE

Note : la chaînette pour tourner compte comme 1b. La maille directement en dessous est sautée tout au long du motif. Quand la ml est plus longue que 3 m., les trois 1ʳᵉ m. forment la ch pour tourner.

Trav. 91 msb. Tourner.

RANG 1 : 5ml. B dans la 4ᵉ m., *2ml, sauter 2 m., b dans la m. suiv. Rép de * à la fin du rang. Tourner.

RANG 2 : 3ml, coquille (8b) dans la 2ᵉ arche de ch, *sauter 2 arches de ch, coquille, rép de * jusqu'à ce qu'il reste 1 seule arche de ch. B dans la ch pour tourner. Tourner.

RANGS 3-4 : rép les rangs 12. Arrêter le fil.

Retourner l'écharpe. Joindre le fil au dos des msb et rép les rangs 14. Ne pas arrêter le fil.

RUCHE

RANG 1 : 3ml. Tourner l'écharpe de façon à trav. à la fin des rangs. Trav. 42b le long du bord. Tourner.

RANG 2 : 4ml, b dans la 3ᵉ m., *1ml, sauter 1 m., b dans la m. suiv. Rép de * à la fin du rang. Tourner.

RANG 3 : 4ml, *b dans l'arche de ch suiv., 1ml, rép de * à la fin du rang, finir en b dans la ch pour tourner.

RANGS 4-9 : rép le rang 3. Arrêter. Joindre le fil à l'autre bout de l'écharpe et répéter la ruche.

FINITIONS

Rentrer les fils.

BOLÉRO
en alpaga épais

amy swenson

TAILLES

P-M (G-TG)

DIMENSIONS FINALES

122 (132) cm de poignet à poignet

FIL

Misti Alpaca Chunky (100 % baby alpaga;
99 m/100 g): 3 (4) écheveaux.
Crème naturelle (100)

SUBSTITUTION : approx. 693 (350) m de fil
épais. Rechercher un fil qui tricote 10 cm sur
12-14 m.

CROCHET

6,0 mm ou la taille nécessaire pour obtenir
l'échantillon correct

FOURNITURE

Aiguille à laine

ÉCHANTILLON

12 ms pour 10 cm

Crocheté en baby alpaga ultradoux, ce boléro ouvert couvre gracieusement et délicatement les épaules, offrant suffisamment de chaleur lors d'une soirée dehors ou pelotonnée à l'intérieur. Ce boléro utilise un motif de point très simple et virtuellement sans façonnage, ce qui rend ce modèle idéal pour les débutantes ou celles qui veulent un projet gratifiant instantanément. Choisissez un fil épais. J'aime beaucoup l'alpaga épais pour sa chaleur douillette et luxueuse.

conseils

Les dimensions de ce boléro peuvent être contrôlées au moment de faire les coutures. Comme vous crochetez simplement un grand rectangle, il peut être cousu à votre taille particulière. Essayez-le sur ce que vous planifiez porter !

Le modèle est travaillé d'une seule pièce de poignet à poignet, puis cousu. Le boléro est ensuite fini par des ronds de ms autour de la bordure du devant.

POINT DE FILET À TRIANGLES

Trav. sur un multiple de 6 m.

RANG 1 : 7ml, ms dans la 3ᵉ ms, *sauter 2ms (3ml, db, 3ml) dans la ms suiv., sauter 2 ms, ms dans la ms suiv., rép de * jusqu'aux 3 dernières ms, 3ml, db dans la ms finale. Tourner.

RANG 2 : 3ml, (db dans la ms suiv., 2ml, ms dans la db, 3ml) jusqu'à l'arche de 7ml finale, ms dans l'arche de ch. Tourner.

RANG 3 : 7ml, (ms dans la db, 3ml, db dans la ms, 3ml) jusqu'à la dernière db, ms dans la db, 3ml, db dans l'arche de 3ml. Tourner.

BOLÉRO

Chaînette de base de 43 (49) ml.

RANG 1 : ms dans la 2ᵉ ml et dans chaque ml suiv.; 42 (48) ms.

RANG 2 : 1ml, ms dans chaque ms tout le long. Rép le rang 2 encore 3 fois pour un total de 5 rangs. Commencer le motif de filet à triangles, trav. les rangs 1 à 3, puis rép les rangs 2 et 3 jusqu'à ce que le boléro mesure 122 (132) cm depuis les msb, en term. après un rang 2.

POIGNET FINAL

RANG 1 : 1ml, ms dans la 1ʳᵉ ms, (2ms dans l'arche de 2ml, ms dans la db, 2ms sans l'arche de 2ml, ms dans la ms) jusqu'à la dernière ms, 2ms dans l'arche de 2ml, ms sans la db, 2ms dans l'arche de 3ml; 42 (48) ms.

RANG 2 : 1ml, ms dans chaque ms tout le long.

Rép le rang 2 encore 3 fois pour un total de 5 rangs.

Arrêter le fil.

FINITIONS

Plier le rectangle en deux pour que les lisières se touchent. Commençant à un poignet, faire la couture du bras sur 43 cm. Rép depuis le second poignet pour créer l'autre manche. À ce point, c'est une bonne idée d'essayer le boléro pour être sûre qu'il y a assez de place pour les épaules. Si le boléro est trop ample, coudre encore un peu les manches.

En commençant à une couture, rattacher le fil par une mc, 1ml, puis ms également tout autour de l'ouverture du devant. Trav. 3 autres ronds de ms. Arrêter et rentrer le fil.

SAC
petit bijou

amy swenson

TAILLES

TAILLE UNIQUE

DIMENSIONS FINALES

Approx. 24 cm de diamètre par 15,25 cm
de profondeur. Fermé par un cordon

FIL

Tilli Tomas Simply Heaven (100 % soie;
110 m [120yds] /100 g) : 1 écheveau.
American Beauty

SUBSTITUTION : approx. 100 m (109 yds)
de soie épaisse. Prendre du fil qui crochète
10 cm sur 12-16 m.

CROCHET

1 crochet de 4,5 mm

FOURNITURE

Aiguille à laine

ÉCHANTILLON

Ce projet n'exige pas un échantillon exact;
assurez-vous simplement de travailler
un tissu suffisamment dense.

Il suffit d'un seul écheveau de soie épaisse et de quelques heures de temps libre pour créer cet adorable petit sac de soirée. Idéal pour contenir rouge à lèvres, permis de conduire et cartes de crédit, le sac *petit bijou* est conçu pour pendre à votre poignet de manière enjôleuse. Vous l'aimeriez plus grand ? Il suffit d'acheter un autre écheveau et de faire le fond plus large avant d'attaquer les côtés.

FOND DU SAC

2ml, trav. 8ms dans la 2e ml depuis le crochet.
Ne pas mc. Le fond du sac se travaille en spirale.

Aug.: (ms dans la 1re ms, 2ms sans la ms suiv.)
45 fois.

Trav. égal: mc dans chaque ms, 54 fois.

CÔTÉS DU SAC

(1ml, ms dans la ms suiv.) 27 fois, puis cont. tout
autour, en trav. 1ml, ms dans chaque arche de ch
jusqu'à ce que le sac mesure 15 cm depuis le fond
ou la hauteur désirée.

ROND D'ŒILLETS
POUR LE CORDON

2ml, (b dans l'arche de ch suiv., 1ml) jusqu'au
début du rond, mc dans les 2ml.

RUCHE

3ml, 2b dans l'arche de ch, 3b dans chaque arche
de ch jusqu'à la fin du rond, mc dans les 3ml pour
joindre. 3ml, b dans chaque b tout autour. Rabattre.

FINITIONS

CORDONS (2)

Avec un brin de soie à double, chaînette de
60ml, en laissant une longueur de 15 cm de chaque
côté. Passer la chaînette dans les œillets. Rentrer et
coudre les extrémités à l'intérieur du
sac pour fixer la lanière.

Rentrer les fils.

APPENDICE

abréviations et index

ABRÉVIATIONS

( )	mesures et/ou instructions alternatives
**	répéter les instructions entre les astérisques
arche de ch	arche de chaînette (espace créé par une ou plusieurs mailles en l'air)
aug.	augmenter (augmentation)
b	bride
bcl-arr.seul	travailler dans la boucle arrière du fil seulement
ch	chaînette
db	double crochet
demi-b	demi-bride
dim.	diminuer (diminution)
End.	endroit de l'ouvrage
ens.	ensemble
Env.	envers de l'ouvrage
g	gramme(s)
1 jeté	faire un jeté
m.	maille(s)
mc	maille coulée
mq	anneau marqueur
ms	maille serrée
trav.	travailler (travaillant)
trb	triple bride

IMAGES ET DÉFINITIONS DES SYMBOLES

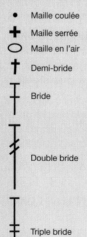

- Maille coulée
- Maille serrée
- Maille en l'air
- Demi-bride
- Bride
- Double bride
- Triple bride

TABLEAU DE CONVERSION DES MESURES

unité	multiplier par	pour obtenir
cm	0,394	pouces
pouce	2,54	cm
mètre	1,09	yards
yard	0,9144	mètres
once	28,35	grammes
gramme	0,353	onces

REMERCIEMENTS

Mon premier merci va à Alana Marchetto qui a crocheté furieusement la majeure partie des projets photographiés. Si elle n'avait pas eu la folie d'accepter de m'aider, ce livre n'aurait jamais été prêt à temps. (En plus d'être une personne merveilleuse, Alana est également une professeure de crochet incomparable.) Merci aux designers – Amie, Amy, Annie, Dana, Debora et Robyn – pour ces designs spectaculaires et pour leur inspiration, dévouement et motivation. Merci à Amy O'Neill Houck pour la qualité de son travail d'édition technique et l'insertion éblouissante des 25 patrons. Un grand merci aux gens de chez Hollan pour cette idée de créer un ouvrage de crochet aussi chic et pour avoir magiquement mis tous les éléments en place. Et enfin, un immense merci à mes amis, à ma famille et à tous les lecteurs du blog, pour leurs commentaires et leur soutien inconditionnel. Je suis incroyablement fière des designs de ce livre et vous souhaite de nombreuses heures heureuses de crochetage de luxe.

INDEX